マンガでわかる

認知行動療法

大野裕 著
さのかける・サイドランチ マンガ

池田書店

上手に相談にのる方法を学びたい！

〇〇町 保健センター
事例検討会
会場
最近みなさん忙しくて
久しぶりの「事例検討会」に
なってしまいました
外部の人もいるので
簡単に説明しますね
「事例検討会」とは
日々の業務で困っていること
対応で悩んでいること
などを出し合い
保健師同士でよりよい方法を
検討していく会です
私はこの保健センターの
保健師 横澤です
よろしくお願いします
保健師
横澤貴子

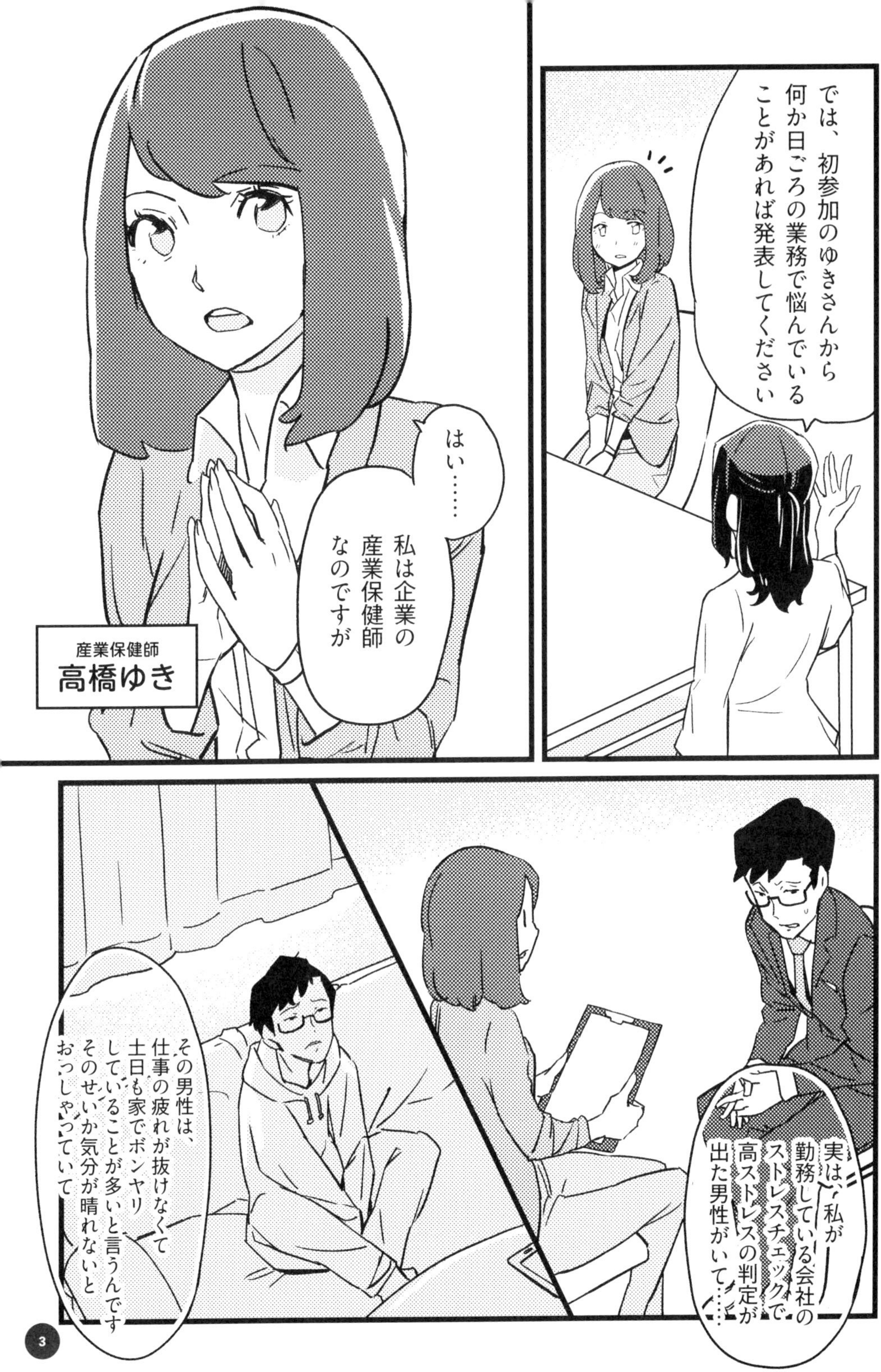

では、初参加のゆきさんから何か日ごろの業務で悩んでいることがあれば発表してください
はい……
私は企業の産業保健師なのですが
産業保健師
高橋ゆき
実は、私が勤務している会社のストレスチェックで高ストレスの判定が出た男性がいて……
その男性は、仕事の疲れが抜けなくて土日も家でボンヤリしていることが多いと言うんですそのせいか気分が晴れないとおっしゃっていて

うちの会社は最近新規事業を始めたので新しいチーム編成になって人間関係のストレスも多いようで……

ご自分でも焦っていらっしゃるようなんですけどどのように話をすればいいかわからなくて……

励ますのが逆効果になる場合もあるし難しいわね
その方朝はちゃんと起きられているのかしら？

あっそこまで確認してませんでした

私が担当している高齢の男性も うつ的で閉じこもりになって 生活リズムが崩れてきているんです
なかなかやる気が起きなくて 横になっていることが 多いみたいなんです
保健師
西嶋幸子
この方は人との かかわりも少なく 脚が少し悪いこともあって あまり外に出て いないんですよね……

孤立するのはよくないですね
私も先日妊娠中のママ対応で育児不安を口にした女性がいて……
妊娠中から1人で頑張っている人でご家族にもあまり相談できていないようなんです
私も彼女のケアをどうしたらいいか悩んでいて……

保健師交流会＝各地の保健師が集まって情報交換をする会

カウンセリングといっても特別なことをするわけではないみたい
問題
困ったときにちょっと冷静になって自分の考えを振り返って
いろいろな問題に自分で対処する力を伸ばす方法らしいの
A
B
問題
C
いろいろな可能性を考えて問題を解決する力を引き出す方法って
私たちが目指していることじゃない
問題
問題
問題
悩んでいる人の助けにもなることだし……
どう？行ってみない？

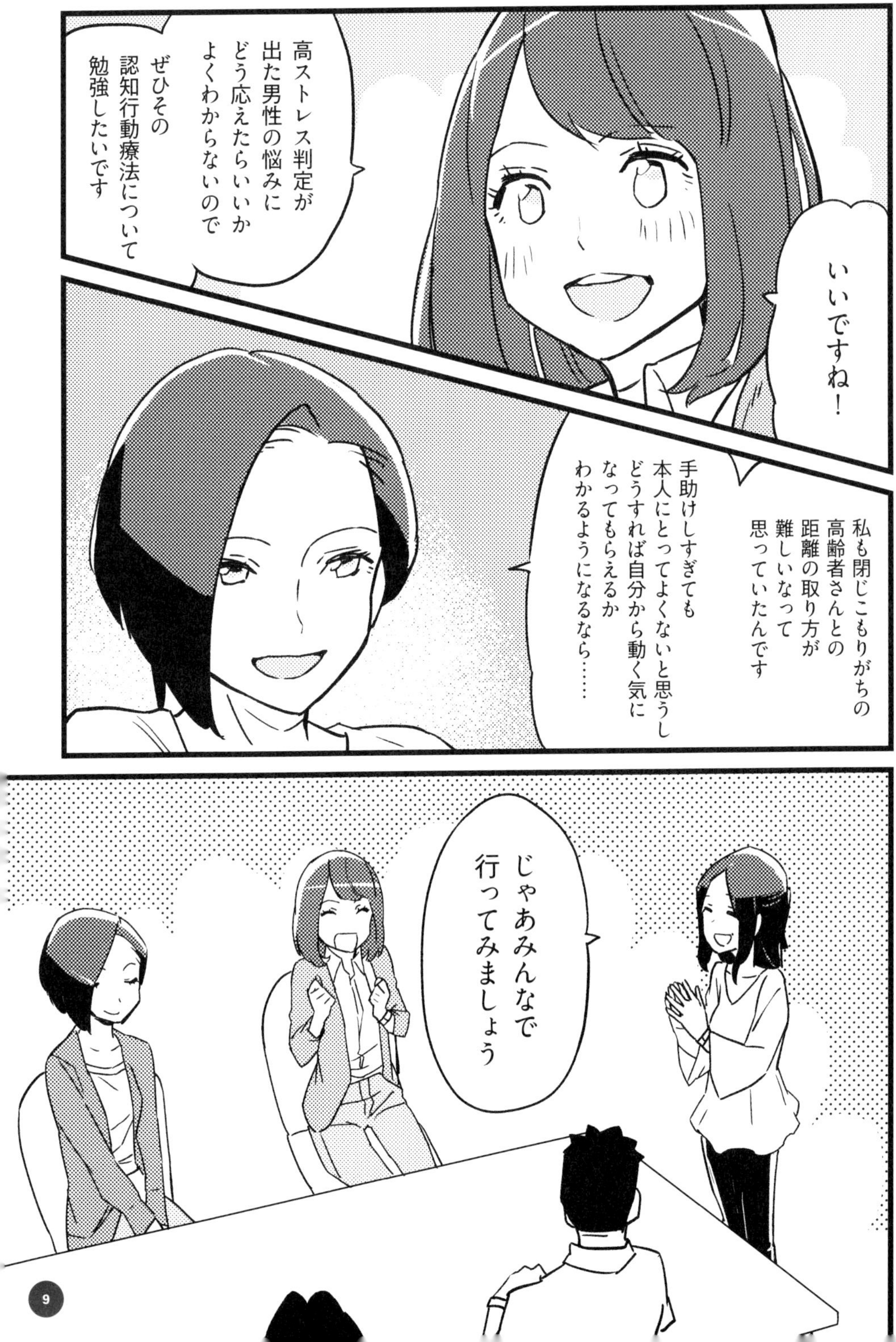
いいですね！
高ストレス判定が出た男性の悩みにどう応えたらいいかよくわからないので
ぜひその認知行動療法について勉強したいです
私も閉じこもりがちの高齢者さんとの距離の取り方が難しいなって思っていたんです
手助けしすぎても本人にとってよくないと思うしどうすれば自分から動く気になってもらえるかわかるようになるなら……
じゃあみんなで行ってみましょう

はじめに

本書は、認知行動療法的アプローチを地域や企業、学校などのこころの健康増進のために活用するポイントをわかりやすく解説したものです。その内容は、医療現場で働く人たちも、また悩みを抱えた家族や仲間を手助けしたいと考えている人たちも役立てることができます。

そこでまず、認知行動療法の考え方について説明することにします。

私たちは、いろいろなことを絶えず判断しながら生活を送っています。このように次々と行っている判断を「認知」と呼びますが、それを意識することはほとんどありません。「自動運転」のように、まわりの状況をとっさに判断しながら行動しているのです。ですから、通常は認知を意識することはありませんし、その必要もありません。

しかし、強いストレスがかかったときには、判断に狂いが生まれることがあり、認知を確認する必要が出てきます。それは、認知がそのときどきの感情や行動に影響するからです。「認知」というのは、次々に出合う情報を判断するこころの働きで、それに応じて私たちのこころが反応します。

現実にそぐわない極端な判断をしてしまうと、気持ちがつらくなったり、不適切な行動を取るようになったりします。そのようになったときには、こころの「自動運転」モードを一旦停止して、「手動運転」モードに切り替える必要があります。

その切り替えを上手にできるように手助けするのが、本書で紹介する認知行動療法です。認知行動療法は世界中の精神科医療の現場で広く使われるようになってきていますが、そうした方法を職場や地域、学校など、医療現場以外の活動で役に立てることができるのだろうかと疑問に思う人もいるでしょう。

心配はありません。認知行動療法は、精神疾患に苦しんでいる人の治療に役立つのはもちろんですが、それ以外の人が毎日のストレス状況で自分らしく生きていくためにも十分に役に立ちます。

それは、認知行動療法で使われる方法が、私たち誰にとっても役立つストレス対処の方法でもあるからです。本書を通じて認知行動療法の方法を身につけることができれば、普段は自分を信じて自然に行動していて、ストレスがかかったときには状況に応じて対処することができるようになります。

大野　裕

強いストレスがかかると
判断に狂いが生まれる

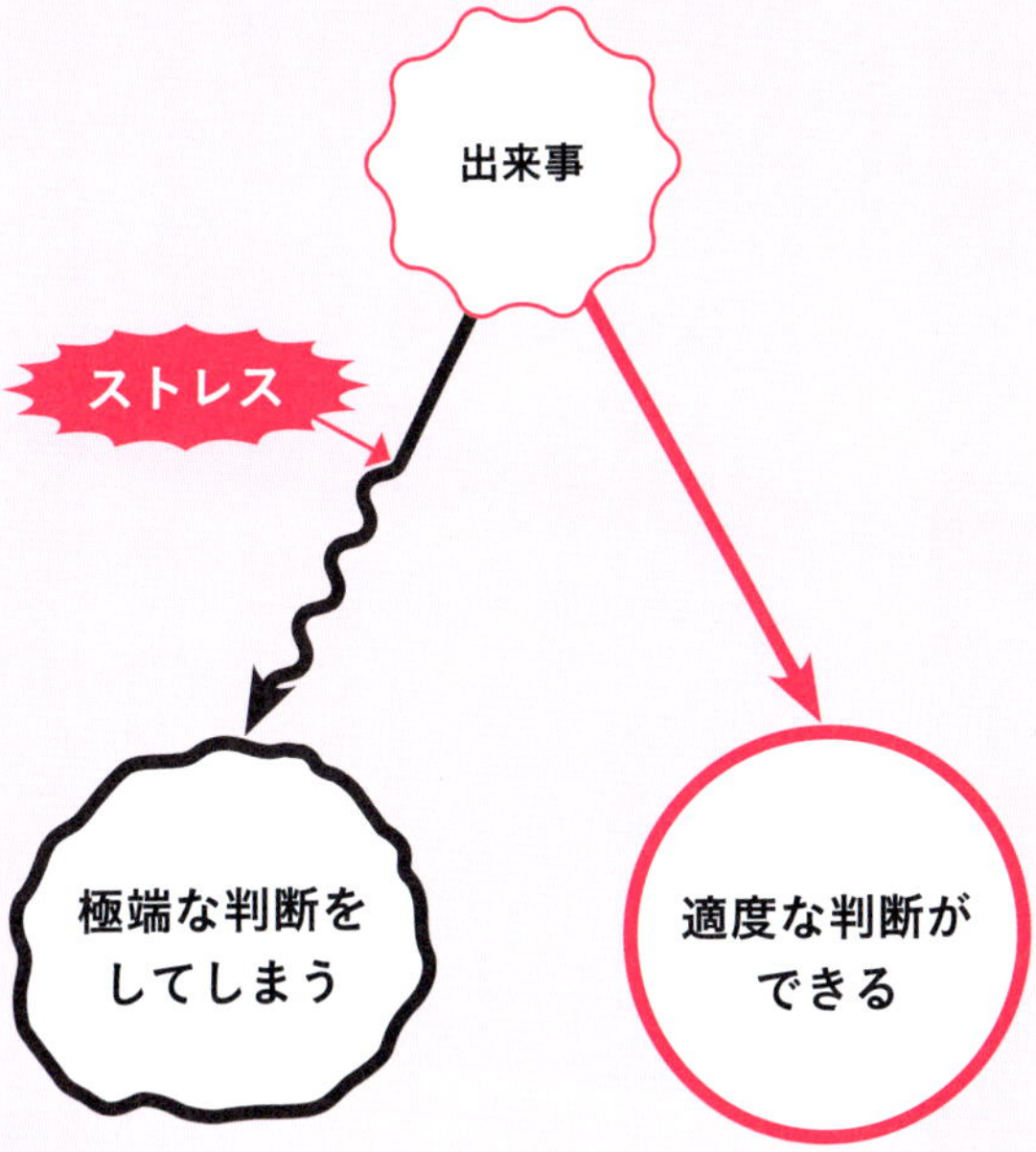

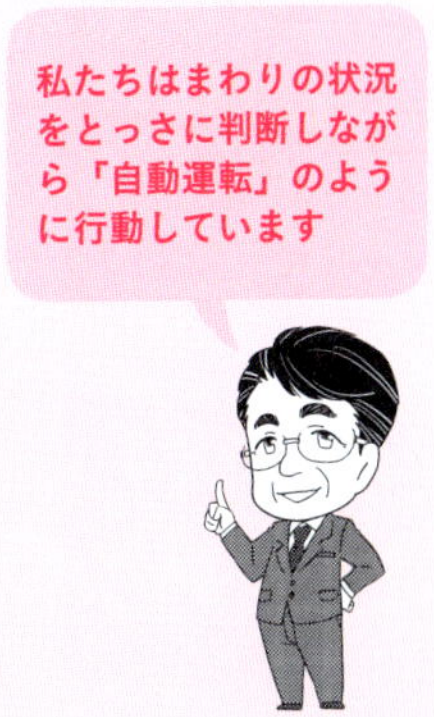

「自動運転」モード→「手動運転」モードへの切り替えを上手にできるように手助けするのが“認知行動療法”

CONTENTS
マンガでわかる認知行動療法

認知再構成法

第3章 行動を振り返る ～行動活性化～

行動活性化

第4章 問題を解決する ～問題解決技法～

キャラクター紹介

とある地方都市の保健センターに勤務する保健師。産前・産後のママや子どもの健康相談を担当している。ある日、周産期うつの気配が出ている町田ゆかりと出会い、その後の新生児訪問でどうケアしようかと思案していた。

横澤貴子(46)

町田ゆかり(29)

地方都市に引っ越してきた主婦。周囲に知り合いがいない土地で第一子を妊娠～出産することに。夫は仕事が忙しく毎日帰りが遅いうえに、両親は遠くに住んでおり助けを頼める人がおらず、ますます不安が募ってしまい……。

とある企業に勤務する産業保健師。職場のメンタルヘルスや社員のうつなどについて取り組んでいる。会社のストレスチェックで、高ストレス判定が出た斉藤和也の相談にのることになったものの、支援の仕方について悩んでいた。

高橋ゆき(28)

斉藤和也(35)

ウェブ制作会社に勤務する会社員。苦手な業務が増え、職場の同僚と話す機会も減ってきており、疲れが溜まっていた。会社のストレスチェックで、高ストレス判定が出てしまい、企業内の産業保健師・高橋ゆきに相談することに。

とある地方都市の保健センターに勤務する保健師で、担当地区に暮らす高齢者の閉じこもり問題に直面していた。孤立傾向にある山中隆雄に対し、どうしたら元気を取り戻し、外に出るようになってもらえるか悩み中。

西嶋幸子(38)

山中隆雄(82)

地方都市に住む独居高齢者。以前、脚を骨折して入院をした際、寝たきりの状態が続き脚の筋力が低下したことや、公共交通機関があまり発達していない地域に住んでいることなどが原因で、ますます閉じこもるようになってしまい……。

こころのスキルアップ教育に取り組む高校教師。怒り、不安、緊張といったこころの状態と上手に付き合う方法、自分の気持ちや考えをスムーズに伝える方法など、認知行動療法のスキルを取り入れた特別授業を行っている。

町田孝太郎(29)

大野裕

日本における認知行動療法の第一人者である精神科医。保健師や学校関係者向けの認知行動療法セミナーを開いた際、横澤貴子、高橋ゆき、西嶋幸子の3人と出会う。

第1章

認知行動療法とは？

認知行動療法のセミナーに参加することにした横澤、高橋、西嶋の３人。「認知とは？」といった基礎知識、こころの動き、支援者はどう相談者にアプローチすればいいのか、などを学ぶ。話を聞くうちに、間違ったアプローチをしそうになっていたことを知り愕然とする……。

支援者は応援団でコーチ！

すみません
ポジティブに考えるよう勧めればよいということですか？
必ずしもそうではありません
会社でランチに行くとき自分だけが誘われなかった場合「嫌われている」と考えて落ち込んでいる人がいたとします
その人に「『忙しいから気を遣ってくれた』とポジティブに考えてはどうか」と
勧めるのが認知行動療法だと言う人がいます
しかしそのように言うのは適切ではありません
えっ そうなの!?

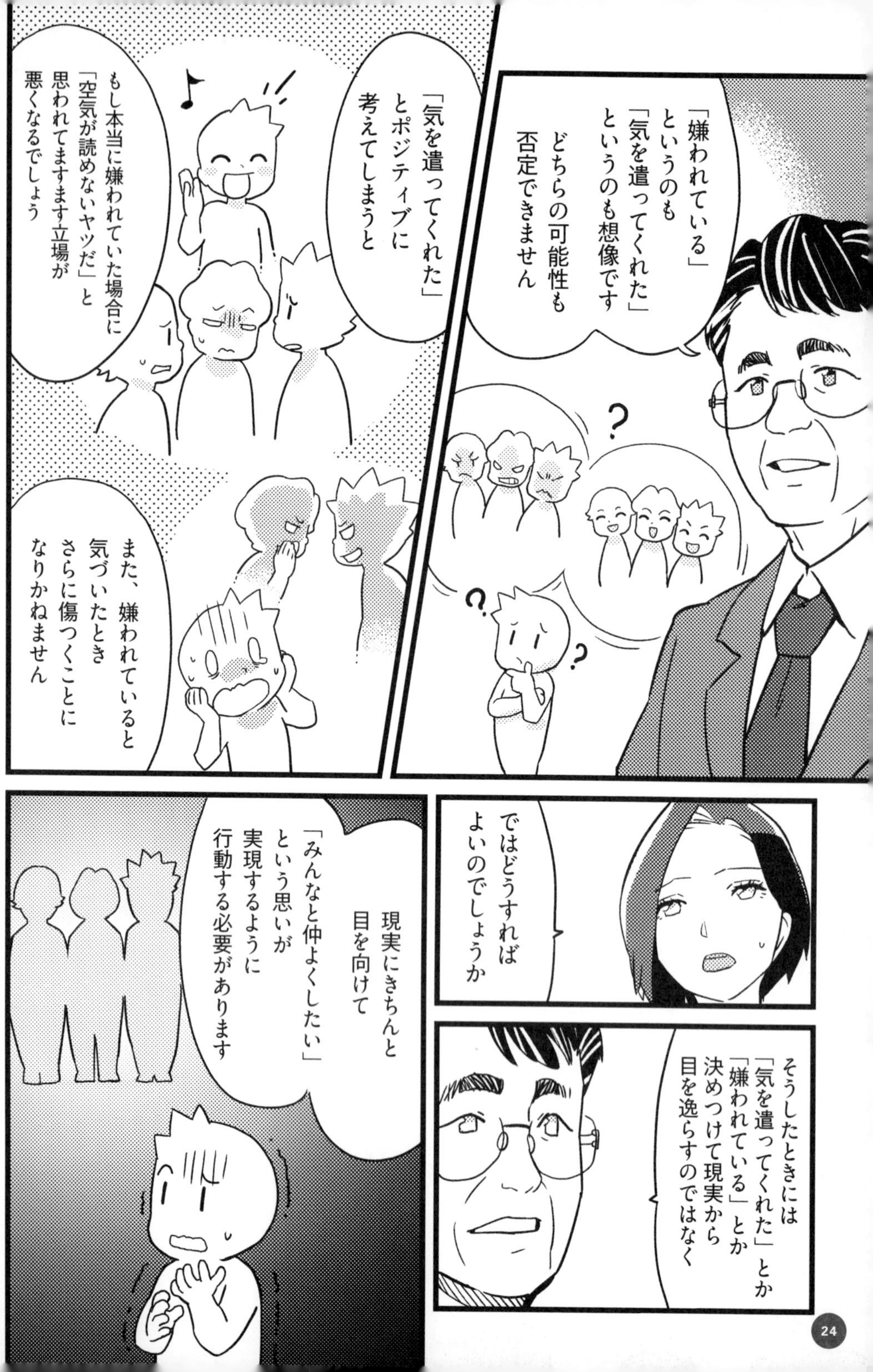
「嫌われている」というのも「気を遣ってくれた」というのも想像です
どちらの可能性も否定できません
「気を遣ってくれた」とポジティブに考えてしまうと
もし本当に嫌われていた場合に「空気が読めないヤツだ」と思われてますます立場が悪くなるでしょう
また、嫌われていると気づいたときさらに傷つくことになりかねません
ではどうすればよいのでしょうか
そうしたときには「気を遣ってくれた」とか「嫌われている」とか決めつけて現実から目を逸らすのではなく
現実にきちんと目を向けて
「みんなと仲よくしたい」という思いが実現するように行動する必要があります

しかしそれが結構難しいのです
よくない可能性が否定できないときに現実に目を向けるのはかなりのエネルギーがいるからです
そのときに手助けをするのが私たち支援者です
それはご家族でも友達でもよいのですが信頼できる人がそばにいると思い切って現実に目を向けようという気持ちになれます
その意味で私たちは悩んでいる人の応援団なんです

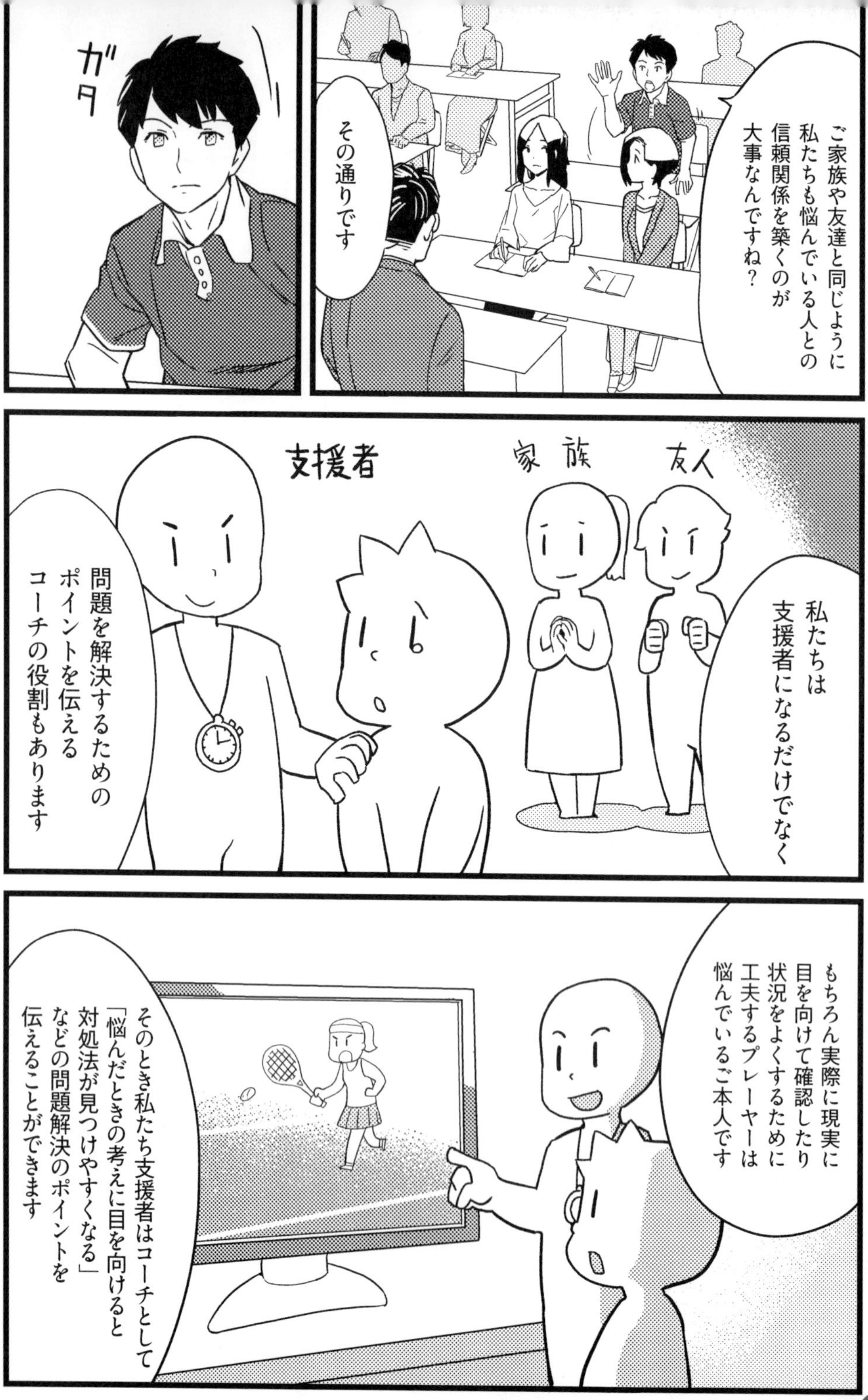
ご家族や友達と同じように私たちも悩んでいる人との信頼関係を築くのが大事なんですね？
その通りです
ガタ
支援者
家族
友人
私たちは支援者になるだけでなく
問題を解決するためのポイントを伝えるコーチの役割もあります
もちろん実際に現実に目を向けて確認したり状況をよくするために工夫するプレーヤーは悩んでいるご本人です
そのとき私たち支援者はコーチとして「悩んだときの考えに目を向けると対処法が見つけやすくなる」などの問題解決のポイントを伝えることができます

私たち支援者は相談者が自分で問題を解決できるよう専門的な視点からサポートするんですね！
そうですね
そもそも人のこころは何かストレスを感じたときまず悪い可能性を考える傾向があります
「ネガティブ本能」ともいわれている自己保存本能で自分を守るためにとても大切なこころの反応です
たとえば夜に1人で部屋にいるとき突然外から音が聞こえたとします
誰か素敵な人が会いに来たとはまず考えないでしょう
泥棒ではないかと考えて身構えるのが普通の反応でこれが「ネガティブ本能」です
ネガティブ本能は危険を察知する能力ってことね
この力のおかげでさまざまな危険から身を守れているのか

そしてその後
外を確認します
何もなければ
「風が吹いたのかな」
と安心します
知り合いが
来ていたなら
ホッとして部屋に
招き入れるでしょう
泥棒だったなら
もちろん警察に電話をしたり
知り合いに連絡したりします
私たちはこのように
思いがけないことが
起きたときにはとっさに
マイナスに考えて
身を守ろうとします
そしてその後
状況を確認して
情報を集め
現実的な対応法を
考えていきます
ドロボー？
不審者？
動物？
ケーサツ？
何か壊れた？
大家さん？
ところが
ストレスを感じている
状態では
情報をうまく集められず
マイナスに考えすぎて
さらに悩むことに
なります
こわい…
こわい
こわい…

そうしたときにちょっと立ち止まり極端に決めつけていないかどうか自分の考えを振り返ってみて
風？
知人？
ドロボー？
今、何が起きていて何をするとよいかを考えるよう手助けするのが
認知行動療法のやり方なのです
認知行動療法は精神疾患の治療のために開発されましたが
今日はみなさん方の現場でも生かせるコツを動画やロールプレイを交えながら勉強していきたいと思います
自分では気づかないうちに極端に考えてしまうことって誰にでもあるわね
頑なになっていると聞く耳を持てないこともあるからこころを解きほぐす方法…
知りたい！

こころの動き
［こころの特徴］

ポジティブシンキングが正しいとは限らない

現実を見ない考えは決めつけでしかない

認知がマイナスに偏りすぎると、つらい気持ちになります。だからといって、何でもポジティブに考えればいいかというと、必ずしもそうではありません。**プラス思考になることで、自分を追いつめることもあります**。

マンガでも描かれていますが、「自分が嫌われている」とマイナスに考えるのが想像だとすれば、「気を遣ってくれている」とプラスに考えるのも想像です。

そのときに**大切なことは「現実に目を向ける」こと**です。

水が半分入っているコップを見たときに、「半分も入っている」とポジティブに思えれば、気分は楽になるかもしれません。でも、砂漠にいて、水を手に入れるのが難しい状況で「半分も入っている」と考えて、どんどん水を飲んでしまうと、あとで困ることになります。

そのときの考えが適切かどうかは、現実をきちんと見てはじめて判断できます。現実を見ないままで判断することは、ネガティブなものでも、ポジティブなものでも、「決めつけ」でしかなく、問題に適切に対処できなくなります。

この決めつけから抜け出すためには、きちんと情報収集する必要があります。しかし、こころが弱くなっているときにはそれが難しくなります。ネガティブな予測が当たっている可能性があるので、二の足を踏むことになります。そのときに、信頼できる人がいれば思い切って足を踏み出すことができます。そうした存在になることが支援者の大きな役割です。

状況を冷静に見てみよう

出来事は同じでもその人の性格やタイミングによってとっさの考えが異なる

とっさの考えが適切か適切でないかは状況（現実）を見て判断できる

水の入ったコップを見て……

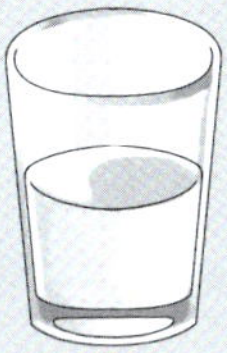

とっさの考え

「水が半分**も**入っている」

- 状況 砂漠だったら？ → あとで困るかもしれない……
- 状況 自宅だったら？ → 水はいつでも手に入る状況なので現実に適した考え

とっさの考え

「水が半分**しか**入っていない」

- 状況 砂漠だったら？ → 水を大切に飲める
- 状況 自宅だったら？ → 必要以上に不安になりこころがつらくなってしまう……

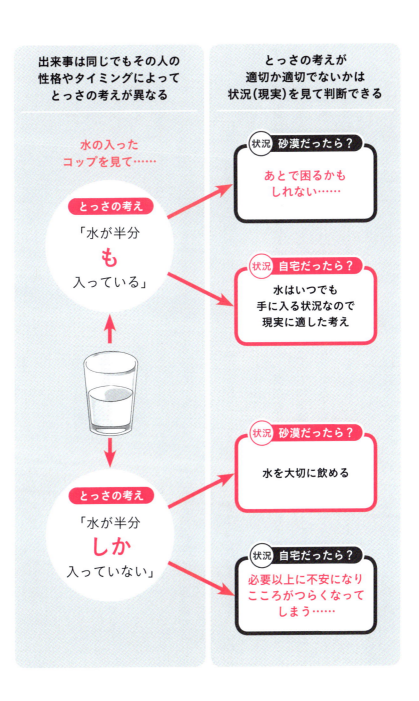

こころの動き
［ストレス対処のステップ❶］

こころと体の警報に気づく

気分、行動、体の変化はこころのアラーム

私たちは毎日の生活のなかで、こころの不調を体験することがあります。気持ちが沈み込んで、閉じこもりがちになったり、あれこれ心配で落ち着かなくなったりすることもあります。そのために、仕事や勉強が手につかず、いつもならしないような失敗をすることもあるでしょう。

また、眠れなくなる、食欲がなくなる、逆に食べすぎてしまう、胃が痛くなる、頭が痛くなるなど、いろいろな体の不調を感じたりもします。

できればこんな嫌な気持ちにならずに、元気な体で毎日を送れるといいと考えます。でも、それでは困るのです。**こころや体の不調は、何か問題があるということを教えてくれているアラームの役割を果たしている**からです。

体の不調を例に取るとわかりやすいのですが、ぶつかって痛みを感じるのは、注意して動くようにという警告になっています。逆に、糖尿病や高血圧など、変調が表に現れにくい病気はいつの間にか進行して取り返しのつかない状態になることもあるという話はよく耳にします。このように体の不調を感じるからこそ慎重に行動するようになります。問題に早めに気づくこともできるのです。

こころの不調も同じです。何か問題になることが自分に起きていることを知らせているアラームなのです。そうしたときに私たちはつい、「まだ大丈夫」と考えてアラームを切ってしまうことがありますが、立ち止まって問題を確認し整理する勇気を持つようにしましょう。

こころの警報が出ていないかチェックしよう

こころの警報の例	
気分の変化	・落ち込むことが増えた ・不安で落ち着かない ・イライラして怒りっぽい
行動の変化	・今まで好きだった趣味を楽しめなくなった ・人付き合いが嫌になり、人と会わなくなった ・集中力が落ちて、仕事のミスが増えた ・仕事の作業量が多く、時間内に終わらない
身体面の変化	・夜眠れない。もしくは寝すぎてしまう ・食欲がない。もしくは食べすぎてしまう ・頭痛がする

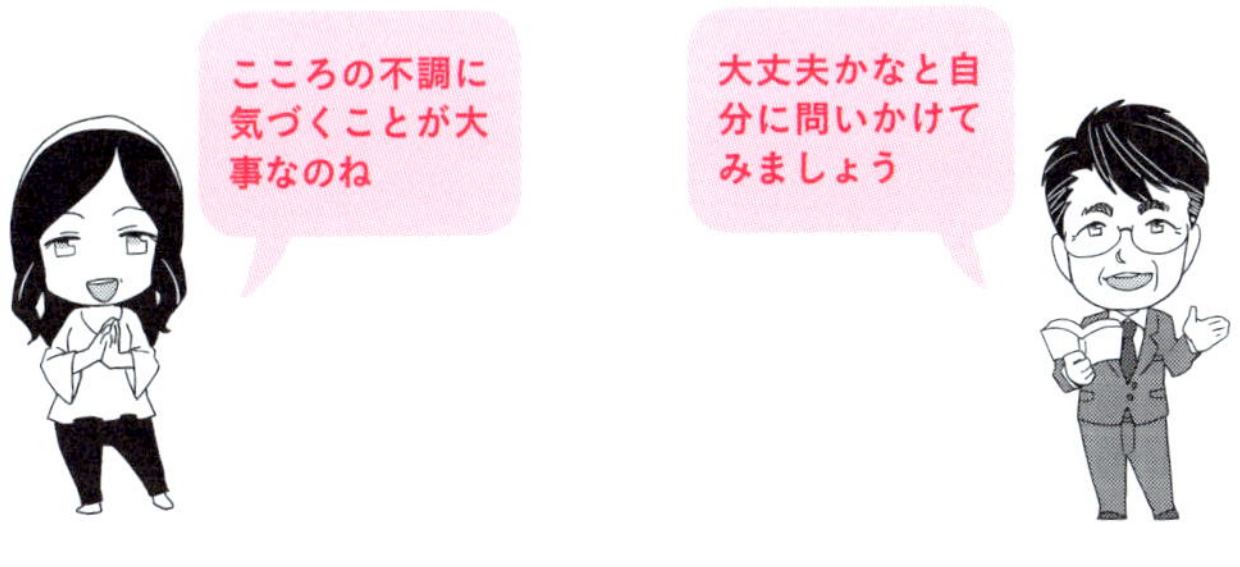
こころの不調に気づくことが大事なのね
大丈夫かなと自分に問いかけてみましょう

立ち止まり、起きている出来事に目を向ける

気持ちに流されずに自分を取り戻そう

こころや体に変調が起き、アラームが鳴ったときに足を止めて、何が起きているかを確認するのは勇気がいるものです。アラームが鳴っているのですから、よくないことが起きている可能性が否定できません。

そうしたときに立ち止まって現実を確認するのは、簡単なことではありません。でも、**問題があるとすればできるだけ早く対応したほうがよいでしょう。心配でも立ち止まって現実を確認して欲しいのはそのためです**。

そうはいっても、アラームが鳴っているときに冷静になるのは難しいかもしれません。そのためには、**自分を落ち着かせる方法を事前に身につけておくとよい**でしょう。その1つに、呼吸法があります。ゆっくりと腹式呼吸をしているうちに気持ちが落ち着いてきます。

たとえば、ボックス法と呼ばれますが、頭のなかでゆっくり「1・2・3」と数えながら鼻から息を吸い、吸いきったところで息を止めて「1・2・3」と数え、続いて「1・2・3」と数えながら口から息を吐き、吐ききったところで「1・2・3」と数えます。

この他にも、こぶしに力を入れて握りしめた後に一気に力を抜いたり、力を入れて肩を持ち上げた後に、力を抜いてストンと落としたりする方法もあります（P208参照）。

こうした方法以外にも、気をそらすような方法を使って**自分を取り戻す時間を生活に組み込むことで、こころ豊かな生活を送れる**ようにもなってきます。

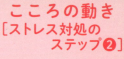

気持ちを落ち着かせる腹式呼吸

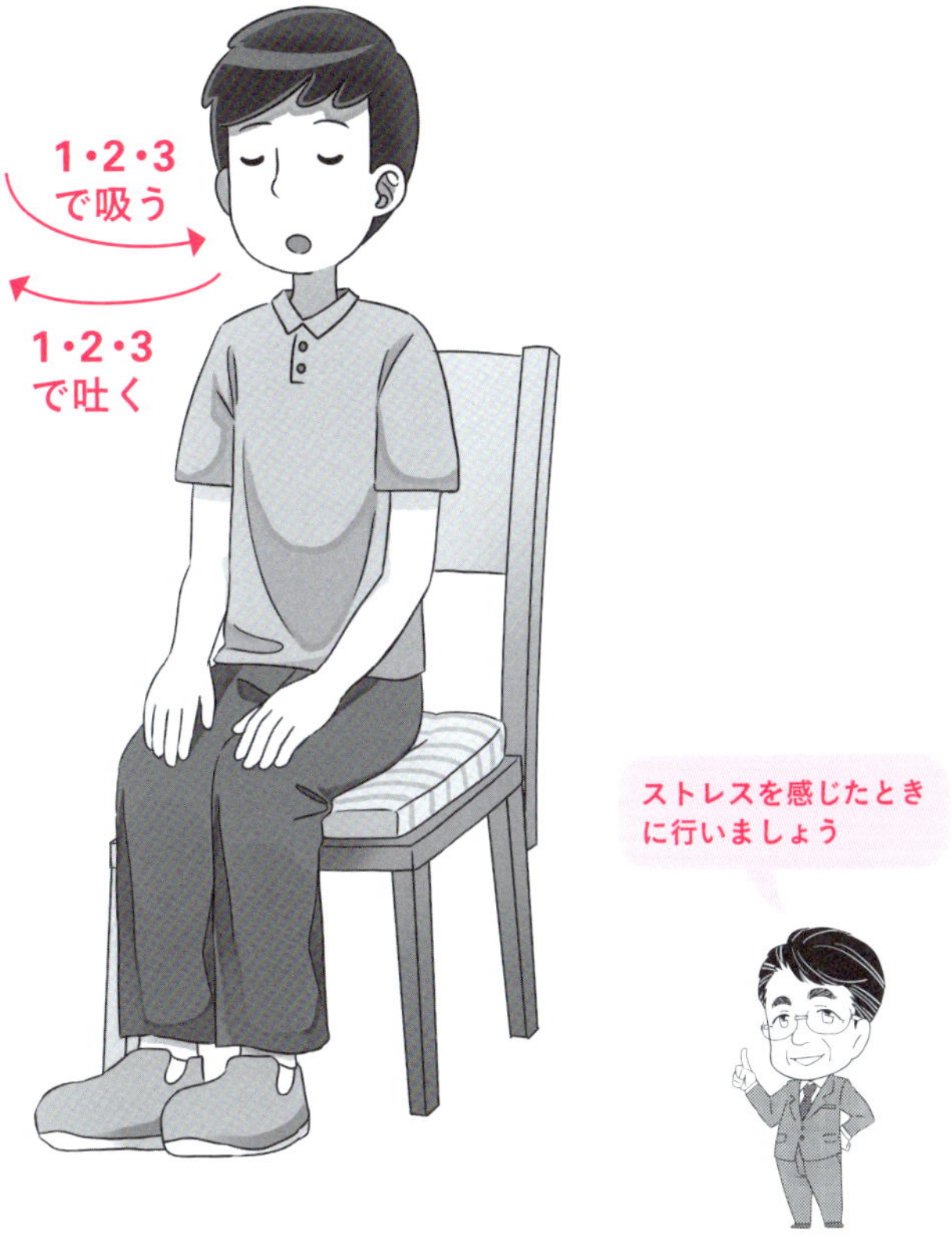
1・2・3
で吸う
1・2・3
で吐く
ストレスを感じたとき
に行いましょう

1 頭のなかで「1、2、3」と数えながら鼻から息を吸う

2 「1、2、3」と数えながら息を止める

3 「1、2、3」と数えながら口から息を吐く

4 「1、2、3」と数えながら息を止める

とっさに浮かんだ考えに目を向ける

とっさの判断から一歩離れてみよう

少し冷静になって自分を取り戻した後は、そのとき考えていたことに目を向けてみるようにします。私たちはいつも、そのときどきの出来事をほとんど意識しないで判断して行動しています。この判断を認知と呼ぶのですが、たいていの場合は的確に判断できています。

ところが、**ストレスを強く感じるような出来事や自分が苦手にしている出来事に出合った場合には、極端な考えをしてしまうことがあります**。こうした出来事のことを私は「当たり所が悪い」出来事と呼んでいるのですが、そのような場合には、自分を守ろうとして極端な判断をして、よくない可能性を考える傾向があります。

そのために**気持ちが動揺して、さらによくない可能性を考えるという悪循環（落ち込みの渦《うず》）が起きてきて、つらい気持ちが続くことになります**。

この悪循環を止めるためには、とっさの判断が現実的なものかどうかを検討する必要があります。ところが、こうした判断はほとんど意識されない「自動運転」モードで頭に浮かび、そして消え去っていっています。

だから、あえてそのときの考えを意識することで、そのとき考えていることが妥当かどうかを検証する必要があるのです。もちろん、悲観的な考えが当たっている場合もあり、その場合にはその考えをもとに今後の対応策を考えるようにします。一方、悲観的に考えすぎている場合には、より現実的に考えて対応策を考えていく必要があります。

落ち込んでいるときに出てくる とっさの考えに目を向けよう

この悪循環を止めるには?

とっさの判断が現実的なものかを検討する

落ち込みの渦《うず》から一歩離れてみよう

期待する現実に向かって行動する

一番大切なのは「自分はどうしたいか」

今後の対応策を考えるときのヒントは、「実際に起きている現実」と「期待する現実」の両方を意識することにあります。**私たちの気持ちが動揺するのは、「こうあって欲しい」と期待していた現実と違う現実が目の前に展開しているから**です。

だから、「こんなはずじゃなかったのに」と考えて動揺したり、「やはり自分がダメだったからだ」と自分を責めたり、「これからもうまくいかないのではないか」と考えて不安になったりするのです。「あの人があんなことをしたから悪いんだ」と考えて腹が立つこともあります。

しかし、そのように考えるのは、今の現実に引きずられて、本来の自分を見失っているからです。そうしたときに立ち止まって本来の自分を取り戻す方法については前項で解説をしましたが、次は、**今起きている現実をきちんと受け止め、どうなることを自分が期待していたのかを意識する**必要があります。

そのうえで、**「実際に起きている現実」から「期待する現実」に少しでも近づくにはどうすればよいかを考える**ようにします。

そのときにはまず、「期待する現実」がどの程度実現可能かを考えるようにします。実現が難しい場合には、実現できるレベルにまで目標を下げる必要があります。そのうえで、問題解決スキルなどの認知行動療法のスキルを使って、その目標に少しでも近づくようにしていきます。

「期待する現実」を意識する

実際に起きている現実

ランチに誘われなかった

嫌われたくない

気を遣ってくれた

モヤモヤ

不安

悲しい

期待する現実が難しい場合は目標を下げましょう

期待する現実

みんなと仲良くなりたい！

期待している現実を実現するには?

- 自分からランチに誘う？
- 仲のいい同僚に相談する？
- まずは雑談をしてみる？
- あいさつを積極的にする？

こころの動き
［支援者の役割］

こころの力を生かせるように支援者がサポートする

相談者のそばで見守り的確なアドバイスをする

すでに書いてきたように、ストレス状況に直面したときに足を止めて現実に目を向けるのはとても難しいものです。実際によくないことが起きている可能性があるときに、その現実に目を向けるのは簡単ではありません。とくにこころが弱くなっているときには大変です。

その結果、問題を先送りして、問題が深刻化していってしまうことになります。自信をなくして自分の力では何もできないと考えるようになりますし、誰にも助けてもらえないと考えて孤立感が強まり、将来に絶望するようにさえなってきます。

でも、そうしたときに**信頼できる人に相談にのってもらえるとわかると、「少し頑張ってみようかな」と考えられるようになります。そのように思ってもらえるようにそばに寄り添うのが支援者の役割**です。それは静かな応援団とでもいうような役割で、専門家はもちろん、家族や友達など、身近な人であれば誰でもできます。

そうした人の存在はそれだけで悩んでいる人にとって大きな力になりますが、必要なときに、工夫のヒントを伝えることができると、さらに助けになります。その意味では、**支援者は問題に対処するときのコーチだともいえます**。

このように支援者は頼もしい応援団でありコーチでもあるのですが、問題に対処するのは悩んでいる本人です。問題に取り組み、解決する主役は相談者だという基本を忘れないことも大切です。

支援者の役割とは

× 問題解決の道すじを決める

支
相
支援者が問題解決のやり方を決めてしまうと相談者のこころは置いてきぼりになってしまいます

○ 問題解決のポイントを伝える（＝相談者主体）

相
支
問題解決のやり方を決めるのはあくまで相談者。支援者はそばでサポートする姿勢を大切にしましょう

コーチするうえでの基礎になる認知行動療法

型をきちんと身につけることでこころのコントロールができる

コーチとして助言するときのヒントは、認知行動療法のアプローチから身につけることができます。しかもそれは、特別なものではありません。すでに紹介した、こころや体の警報が鳴っていることに気づき、立ち止まって冷静に起こっている出来事を見つめ、とっさに浮かんだ考えに目を向けて、期待する現実に向けて行動する――この**4つのステップは、実は私たちが普段問題に直面したときに、無意識のうちに行っていること**です。

私たちは日々さまざまな問題に直面します。その問題への対応の仕方を見ていくと、一定の「型」があることに気づきます。私たちは、問題や状況、自分の状態に応じて、ある型を選び出し、それを使って問題に対処しているのです。**認知行動療法は、私たちが無意識に使っている型のエッセンスを取り出し、体系化したもの**だといえます。

スポーツでも芸能でも仕事でも、みな型があります。いったん身につければ、壁にぶつかっても、その型をもとに工夫し、応用することで乗り越えることができます。

こころのコントロールも同じです。**型をきちんと身につけておけば、どのような問題に直面しても本来の自分の力を発揮することが可能になる**のです。

そのカギになるのが認知と行動です。私たちが問題にうまく対処できないのは極端な考えに縛られて適切な行動が取れなくなっているからです。その認知と行動に働きかけて問題に対処できる力を引き出すのが認知行動療法です。

問題に直面したときの４つのステップ

① こころと体の警報に気づく

↓

② 立ち止まり、起きている出来事に目を向ける

↓

③ とっさに浮かんだ考えに目を向ける

2章　認知再構成法

↓

④ 期待する現実に向かって行動する

3章　行動活性化

4章　問題解決技法

5章　怒りと不安の管理

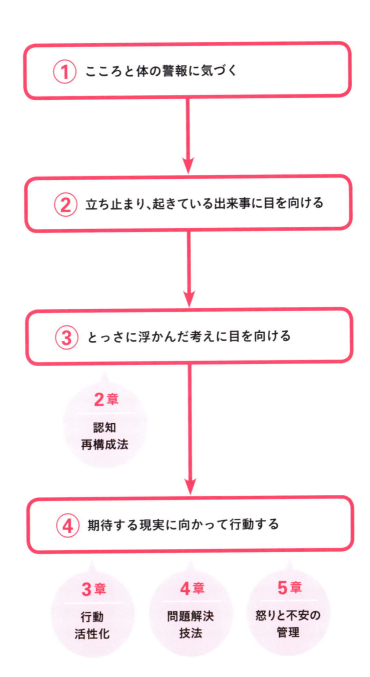

COLUMN 1

支援者のこころがまえ

悩んでいる人のこころの力を信じましょう

専門家でも、家族や友人、同僚でも、相談にのるときには一定の距離を保ち、自分が引き受けすぎないことが大切です。

親しい人が悩んだり苦しんだりしているのを見るのはつらいものです。そのようなときにはつい一生懸命になっていろいろと手助けしたくなります。その気持ちは大事なのですが、まわりにいる人が一生懸命になって手を出しすぎると、悩んでいる人に、「あなたの力では問題を解決することはできない」というメッセージを伝えてしまう可能性があります。そうすると、悩んでいる人は自信をなくして、ますます支援者に頼るようになってくるでしょう。こうしたときには、目の前の問題を解決するだけでなく、問題を自分で解決する力が育つように支援することも大切です。

そうはいっても、悩んでいる人をそばで見るのはつらいので、どうしても励ましてしまいます。「何とかしてあげたい」と考えてしまうからです。そうしたことを避けるためにも、支援者自身が信頼できる人に相談できる環境を作るようにしてください。

また、支援者が自分の時間をすべて悩んでいる人のために使っていることがあります。悩んでいる人を前にして、自分だけが楽しむのはよくないと考えるからです。しかしそれでは、こころに余裕がなくなって満足な支援ができなくなります。そうならないように、自分の好きなことをしたり楽しんだりできる時間を生活のなかに確保して、自分を取り戻すことも大切です。

第2章

認知を見直す
～面談と認知再構成法～

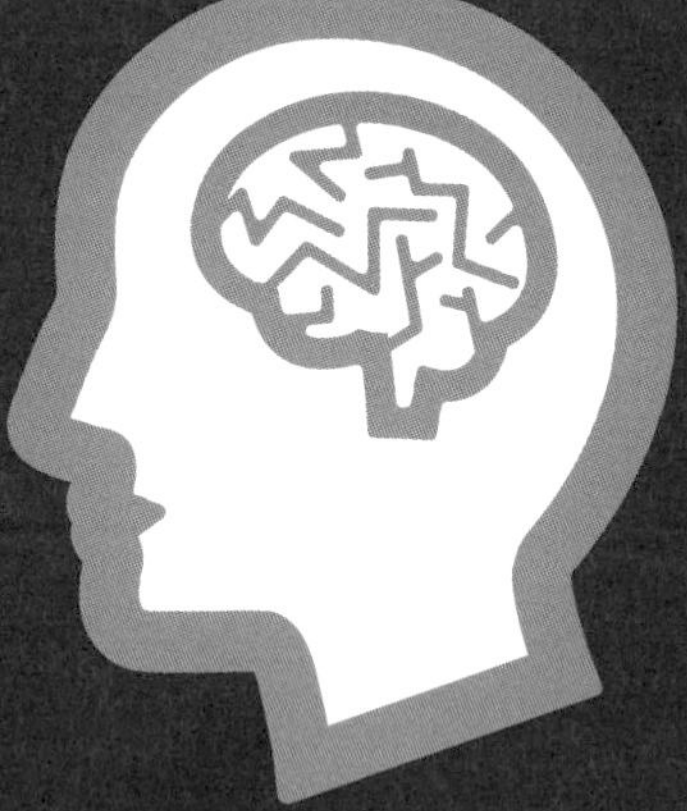

周産期うつの気配が見られる町田ゆかりと面談した横澤。ネガティブな思い込みに縛られている新米ママに、自分を客観的に捉える「認知再構成法」を行ってみることに……。

周産期うつの気配がある新米ママ

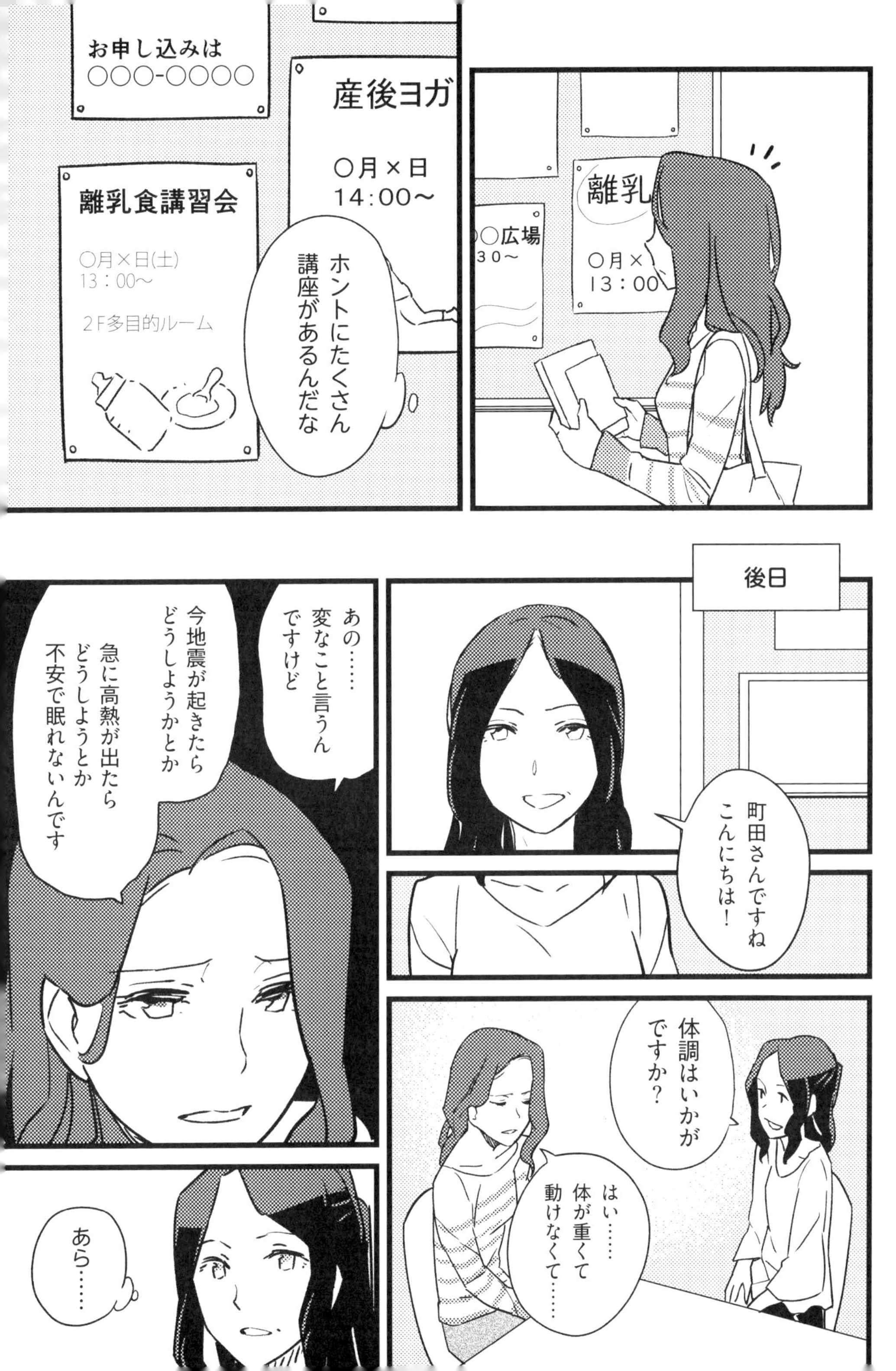
離乳
○○広場
30〜
○月×
13：00
お申し込みは
○○○-○○○○
産後ヨガ
○月×日
14：00〜
離乳食講習会
○月×日(土)
13：00〜
2F多目的ルーム
ホントにたくさん講座があるんだな
後日
町田さんですね こんにちは！
体調はいかがですか？
はい…… 体が重くて 動けなくて……
あの…… 変なこと言うんですけど
今地震が起きたら どうしようかとか 急に高熱が出たら どうしようとか 不安で眠れないんです
あら……

NEWS
私、身近に知り合いがいないのでネットの育児情報を見てしまうんですが
妊婦が食べたほうがよいもの食べちゃダメなものやってはいけないこと
いろいろ書かれてて何がよいのかわからなくなってしまって……
初めてのお産は心配なことが多くて
ふと気になったことを誰かに聞きたいものですよね
ゆかりさんのご両親や義理のお母様は近くにいらっしゃらないのですか?
電車で3時間くらいで遠いんです来てもらうのも大変だし気楽には頼めなくて
友達も独身ばかりなので子どもの話はできないし
今あまり体調がよくなくて新しい友達づくりもできないままで……
会社でさぁー

孝太郎さんは……?
夫は新しい職場で今は仕事を頑張らないといけない時期みたいなんです
帰りも遅くて何か頼むのは申し訳なくて……
だけど私だって出産のことが心配なんですよ
2人の子どもなのになんで私だけ……と思うとイライラします
でも産むのは私だし私が体調管理できないと赤ちゃんに悪影響があるかもと思うと……
もうどうしていいか……

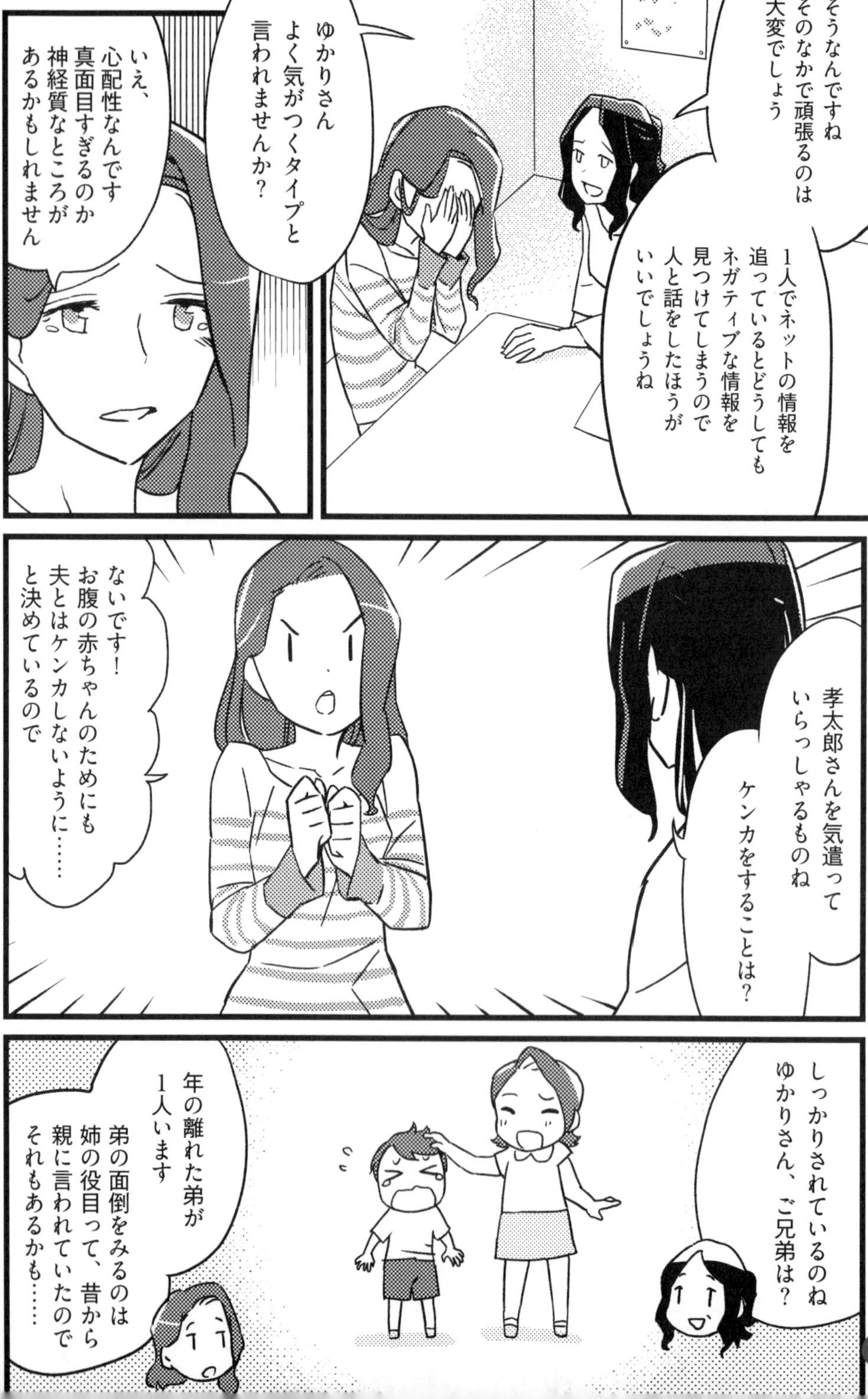
そうなんですね そのなかで頑張るのは 大変でしょう
1人でネットの情報を 追っているとどうしても ネガティブな情報を 見つけてしまうので 人と話をしたほうが いいでしょうね
ゆかりさん よく気がつくタイプと 言われませんか?
いえ、心配性なんです 真面目すぎるのか 神経質なところが あるかもしれません
孝太郎さんを気遣って いらっしゃるものね
ケンカをすることは?
ないです! お腹の赤ちゃんのためにも 夫とはケンカしないように…… と決めているので
しっかりされているのね ゆかりさん、ご兄弟は?
年の離れた弟が 1人います
弟の面倒をみるのは 姉の役目って、昔から 親に言われていたので それもあるかも……

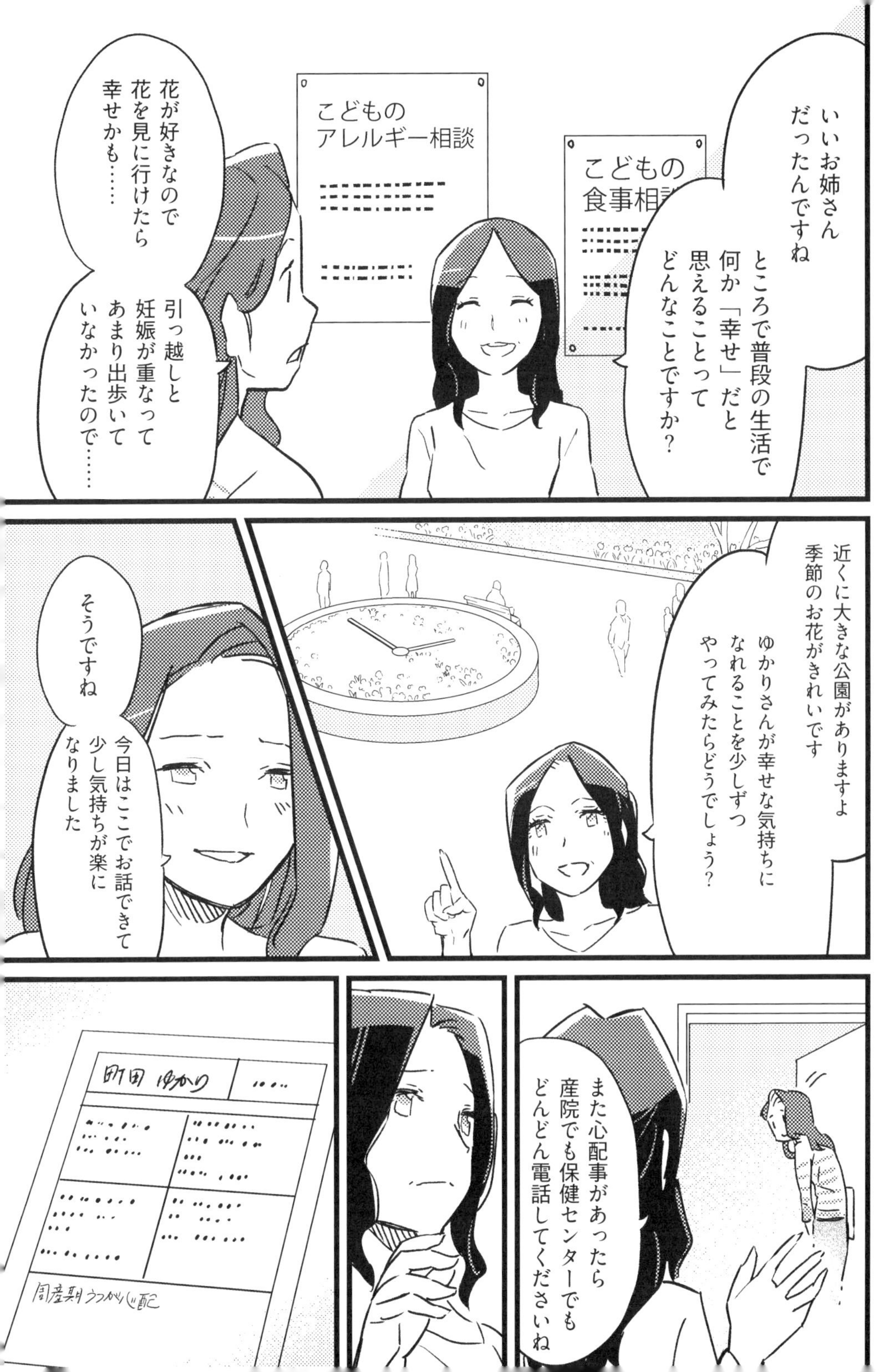
いいお姉さんだったんですね
ところで普段の生活で何か「幸せ」だと思えることってどんなことですか？
こどもの食事相談
こどものアレルギー相談
花が好きなので花を見に行けたら幸せかも……
引っ越しと妊娠が重なってあまり出歩いていなかったので……
近くに大きな公園がありますよ季節のお花がきれいです
ゆかりさんが幸せな気持ちになれることを少しずつやってみたらどうでしょう？
そうですね
今日はここでお話できて少し気持ちが楽になりました
また心配事があったら産院でも保健センターでもどんどん電話してくださいね
町田 ゆかり
周産期うつが心配

信頼関係を築き相談者を理解する

相談者と信頼関係を築き支援の「地図」を作る

悩んだり苦しんだりしている人たちを手助けするときには、信頼関係を築きながら、その人を1人の人間として受け止め、理解するようにします。

悩んでいる人は、1人で苦しんでいることがよくあります。「他の人に迷惑をかけてはいけない」「こんなことで悩んでいて恥ずかしい」と考えたりしているためです。だからといって1人で現実の問題に取り組むだけの元気はなく、問題が長引いて自信を失います。孤立感が強まり、「誰にもわかってもらえない」と考えるようにもなります。

そうしたときに、信頼して相談できる人がいることがわかれば、安心できます。その人と話をして、苦しい気持ち

面談の流れ

導入

- 気分や出来事を振り返る
- 具体的な問題（アジェンダ）を設定する

相談

- 問題解決を妨げている認知や行動を明らかにする
- アジェンダについて話し合い、それに対処するためのスキルを選択する

総括

- 面談を振り返り、ホームワークを決める
- セッションをまとめ、疑問点がないかを確認する

がわかってもらえたと思えれば、気持ちが楽になります。

このように支援者の存在はとても大きな力になるのですが、ただ、話を聞くだけで信頼関係が築けるわけではありません。専門的には概念化や定式化などと呼ばれますが、**相談者を1人の人間として理解しながら、どのような手助けが役に立つかの「地図」を作ることがとても大事**です。**悩んで混乱している人が落ち着いて一緒に考えていくことができるような面談の流れも大切にします**。そのために、面談では「導入」「相談」「総括」の3つのパートを意識するようにしてください。

「導入」部分では、相談者の今の気分をチェックし、生活のなかで起きた重要な出来事（2回目以降なら前回取り上げた問題など）を振り返り、話し合うと役に立つ具体的な問題を決めます。次の「相談」パートで、問題解決を妨げている認知または行動を明らかにしながら、問題に取り組みます。そして「総括」では、面談全体を振り返り、次回までの行動計画（ホームワーク）を立てるようにします。

面談の流れ（詳解）

相談者の悩みを聞きながら適したスキルを選びましょう

相談者の状況を具体的に聞く

↓

共感しながらアジェンダ（解決に取り組む問題）を設定する

↓

相談者の工夫を聞く

↓

相談者の工夫に関するスキル教育

- 考え→認知再構成法
- 行動→行動活性化
- 問題解決→問題解決技法
- 相談→コミュニケーションスキル
- その他→言語化

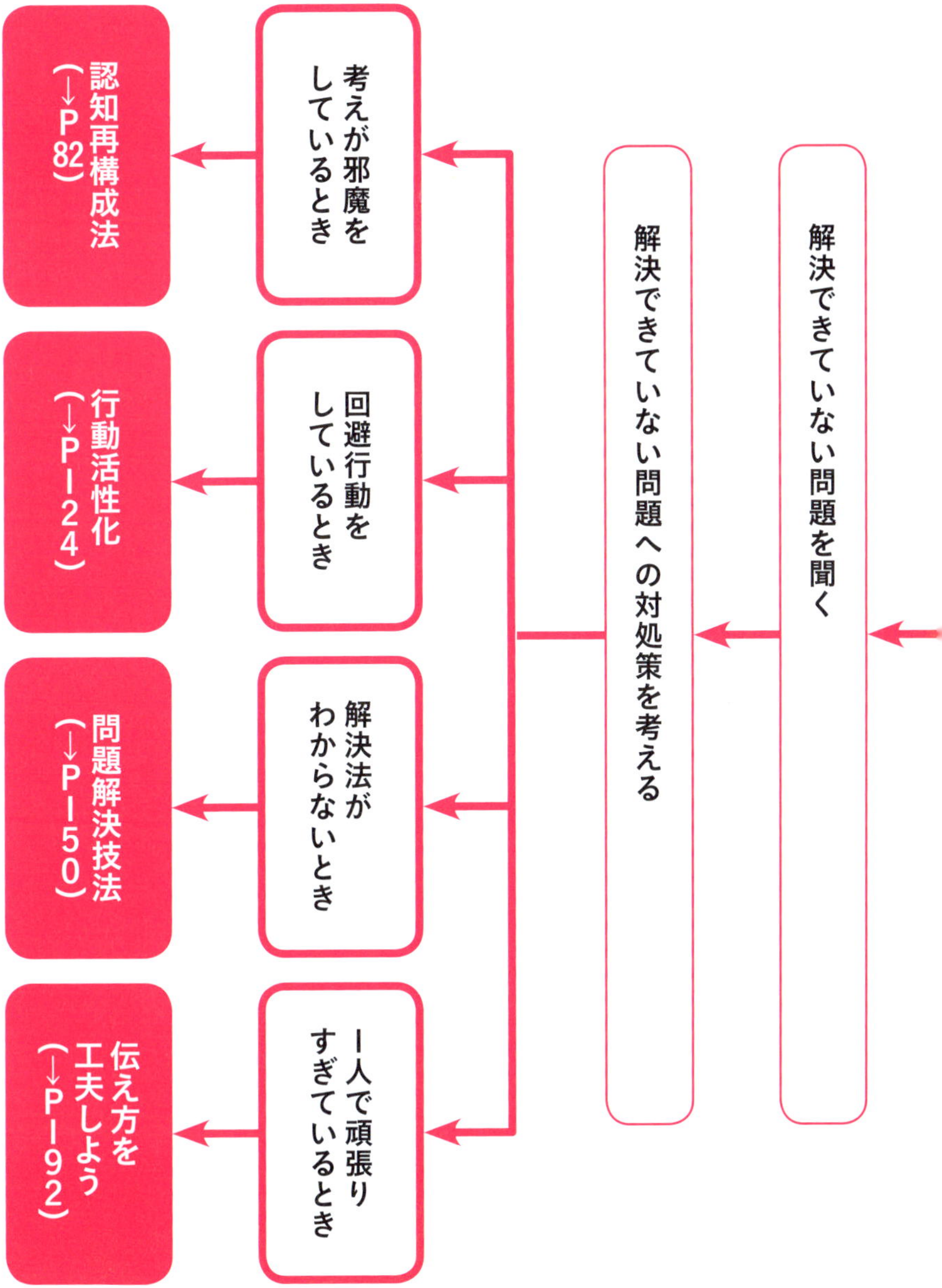

『保健、医療、福祉、教育にいかす簡易型認知行動療法実践マニュアル』（ストレスマネジメントネットワーク）より引用・改変

面談
［話題選択］

話題を決めて問題に対処する

問題になっている具体的な出来事を選んで対処する

面談するときには、取り組むと役に立ちそうな問題を選んで話し合うようにします。しかも、具体的な出来事を話題にします。そのとき、**1回の面談では1つに話題を絞る**ようにしてください。

話題を絞るのは、そのほうが効率的に取り組めるからです。相談者はいろいろな問題に悩んでいることが多く、一気に複数の問題を解決したいと考えているものです。

一気に解決したいという気持ちはよくわかりますが、それでは力が分散してうまく問題に対処することができません。**私たちが自分の力を一番発揮できるのは、1つの問題に絞って取り組むとき**です。一度に複数のことに取り組むマルチタスクよりも、1つのことに集中するシングルタスクのほうがずっとパフォーマンスがよいのです。

それに、困っている問題は、お互いに共通していることがよくあります。私たちにはそれぞれ、強みも弱みもあります。その弱みを感じさせる出来事に出合ったときに、悩むことが多いのです。

違う出来事のように思えても、実は自分の力のなさを感じさせる出来事であったり、人間関係の苦手さを感じさせる出来事であったり、内容が共通していることが多く、**1つ解決できれば他の問題を解決する力もついてきます**。

ですから、相談のときは取り組む話題を1つ決めて、一緒に考えを整理し、期待する現実に近づくための行動計画を立てていくようにします。

シングルタスクで集中力を高める

マルチタスク

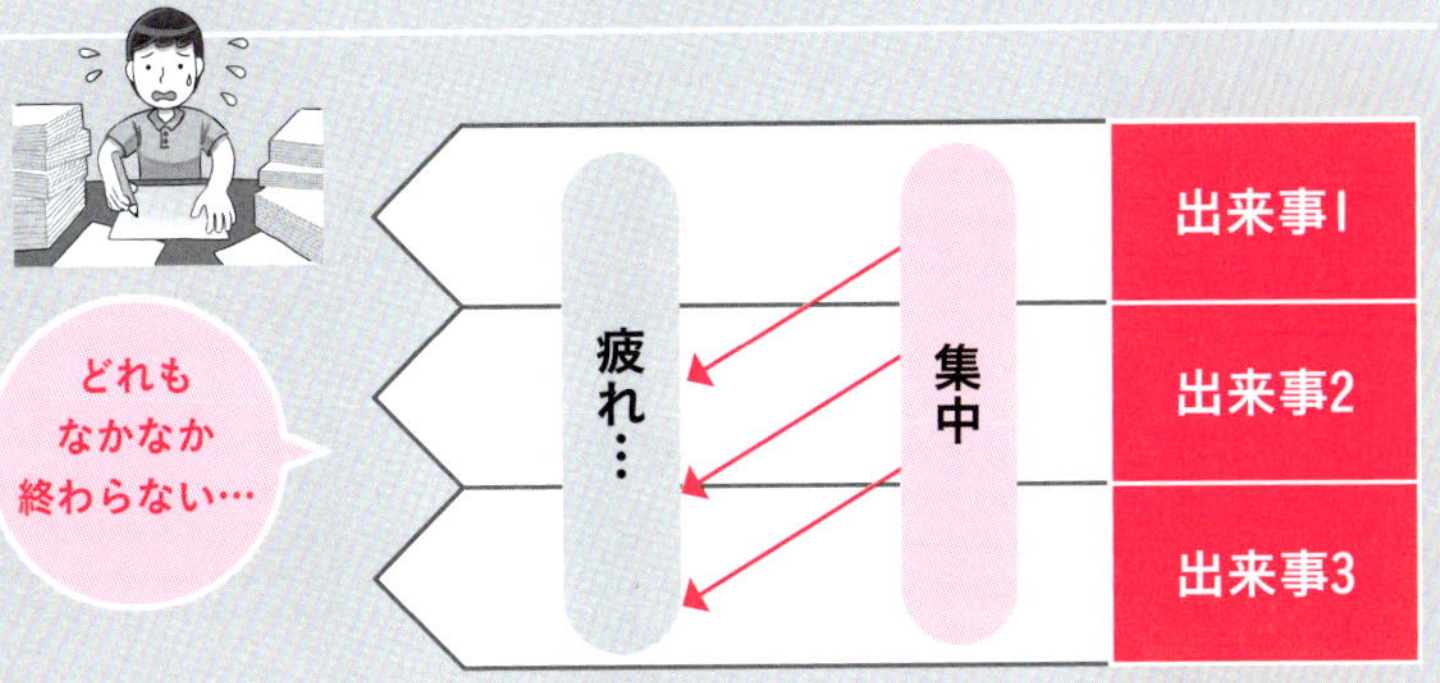

原因となる出来事を同時に解決しようとすると、複雑に入り組んださまざまな要因に同時に気を取られ、集中力が続かない。

シングルタスク

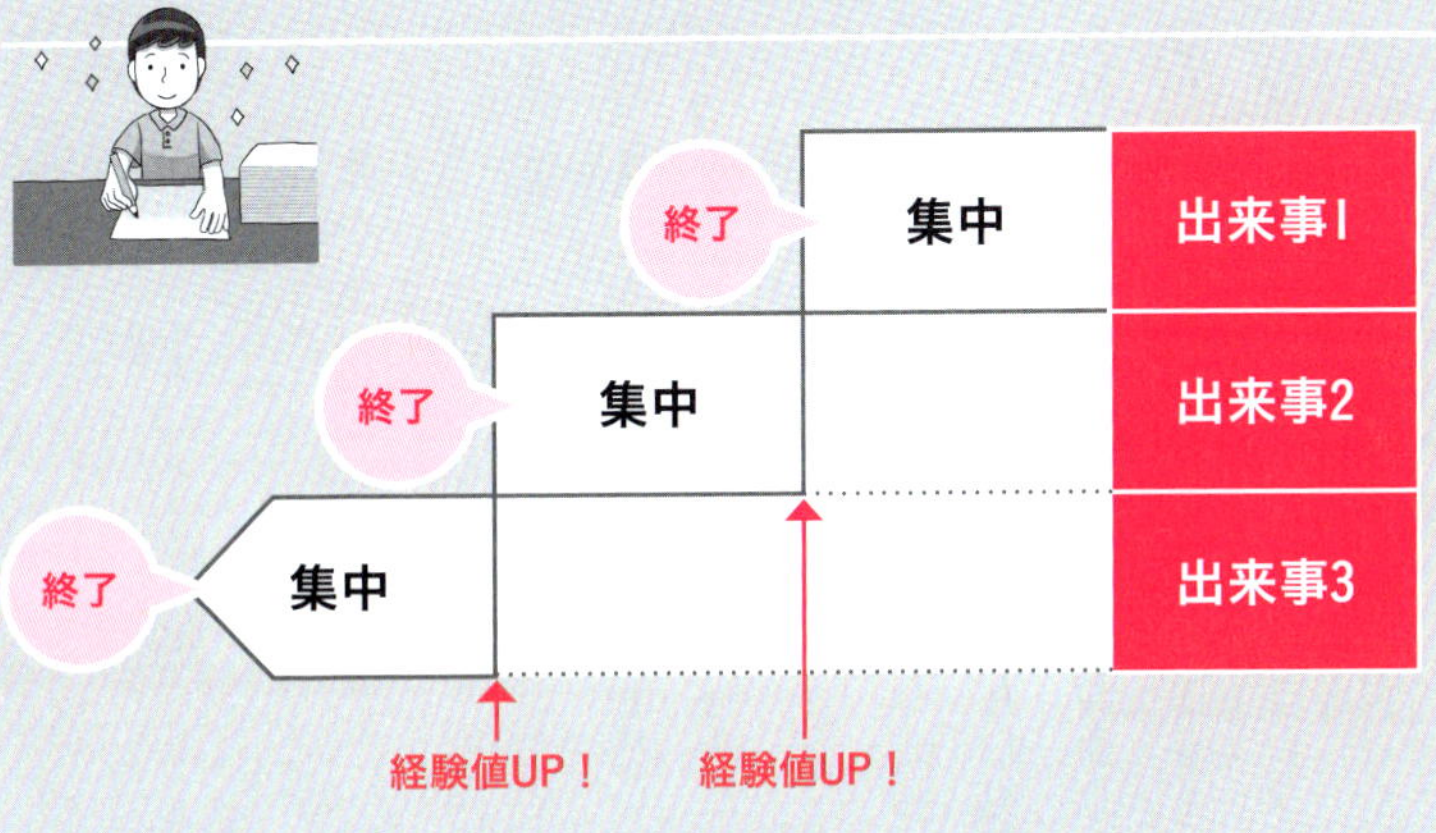

1つの原因を解決してから次の課題に進む。1つ解決するごとに経験値が上がり、1つずつに集中できるのでパワーが落ちない。

シングルタスクのほうが
パフォーマンスも経験値も効率よくUPする

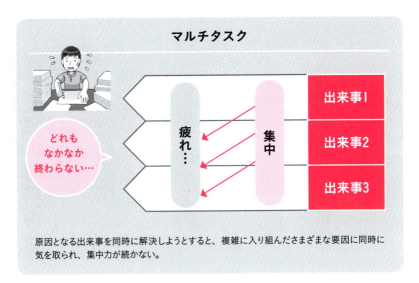

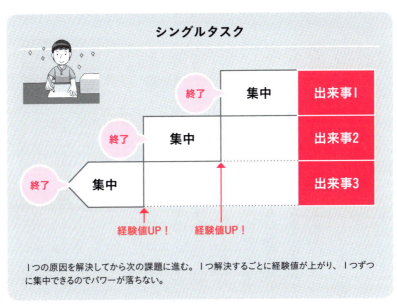

共感し、気づきを深める会話をする

会話の際の2つの基本姿勢

① 共感的姿勢

相手の認知や行動を批評せず、ありのままを受け止める姿勢が大切。気持ちや考えを理解し、寄り添うことが信頼関係を築く第一歩。

② ソクラテス式姿勢

古代ギリシャの哲学者・ソクラテスが弟子たちに行ったとされる問答方式。相談者の発言に対して、そのときの状況や行動などを詳しく聞いていくことで、さまざまな角度から現実に目を向け、気づきを深めていくことができる。

相談者の気持ちに寄り添い気づきを深める質問を

支援者は、相談者に寄り添いながら、一緒に現実に目を向け、本人が持つ力を引き出していくようにします。そこで**何よりも大切なのは気持ちに寄り添うこと**です。私たちは誰かに寄り添ってもらえていると気持ちが楽になります。少し頑張ってみようという気持ちにもなってきます。

そのために、相談者の気持ちや感情を感じ取りながら話を進めます。マンガのなかでゆかりさんは、ネットで出産や育児に関する情報を見ているうちに、何がよいのかわからなくなってしまったと言っていました。憂うつな気持ちになって、不安に陥っていることがわかります。

こうしたときに、気持ちがはっきりわかっていれば、「不

共感しながら受け答えをしよう

こんなに不安な状態で子育てができるのだろうかと心配になります

共感し、現実を見ていく

そうなんですね。そのような気持ちになるのはどのようなときですか？

ネットで出産や育児に関する情報を見ていると、いろいろと書かれていて、何がよいのかがわからなくなってしまって……

たしかに、初めてのお産は心配なことが多くて、ふと気になったことを誰かに聞きたいものですよね

安なんですか？」と質問形で尋ねるのは避けたほうがよいでしょう。**質問は「私にはわからない」というメッセージを含んでいるので、「わかってもらえない」という気持ちを相談者に引き起こす可能性がある**からです。

こうしたときには、横澤さんが「それはつらいですね」と言ったように、「私にもわかりますよ」というメッセージを込めて、共感する姿勢を示すようにしましょう。わかってもらえたと感じたときには、相談者は「そうなんです」「たしかに」といった言葉で答えます。「でも」「だけど」という答えが返ってきたときには、まだわかり合えていない可能性があり、もう少し寄り添う工夫が必要です。**相談者は、わかってもらえる人がいると感じられれば、安心して現実に目を向けることができる**ようになります。

マンガでゆかりさんは、幸せだと感じることを横澤さんに聞かれ、それを試してみようという気持ちになりました。このように、相談者と一緒に気づきを深めていくことを大切にしてください。

面談［会話のポイント❷］

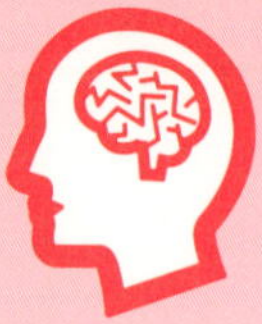

原因探しではなく、手立て探し

なぜという問いかけは相手を責めてしまうことも

相談者から「子どもを可愛いと思えなくなることがある」と言われると、「なぜ可愛いと思えないのですか?」と理由を尋ねたくなります。原因がわかれば問題を解決できるのではないかと考えてのことです。

でも、私たちの生活のなかで原因がわからないことや、原因がわかっても解決できないことはよくあります。そのようなときに原因を探そうとしてもうまくいきません。その結果、自信をなくしてしまうこともあります。

それに、私たちは、「どうして?」と聞かれると自分の行動を非難されたように感じてしまいます。**気持ちが落ち込んでいるときに「なぜ」と聞かれて説明できないと、「理由を説明できないなんてダメ人間だ」と自分を責める**ようになることもあります。それでは信頼関係を築くことはできません。

そうした関係にならないようにするためには、**「なぜ＝WHY」ではなく「どのように＝HOW」と問いかける**ようにするとよいでしょう。

もちろん、原因と解決策が見えかけているときには「原因探し」の質問が役に立ちます。しかし、そうでない場合には、「大変でしたね」と共感しながら、「どうすればいいか一緒に考えていきましょう」と、「手立て探し」の声かけをするようにしてください。そうすれば、「思い切って現実に目を向けてみようかな」という気持ちが湧いてくるでしょう。

HOWクエスチョンとWHYクエスチョンでの相談者の受け取り方の違い
OKな返答とNGな返答例

相談者

子どもが可愛いと
思えなくなることもあるんです……

OKな返答例

支援者

(HOW) どのように対処して
いけばいいか、
一緒に考えてみましょう

相談者

この人が相談に
のってくれるなら、
なんとかなるかもしれない

Point

原因を探るWHYではなく、
どのように取り組めばよいかの
HOWクエスチョンをしている

NGな返答例

支援者

(WHY) どうして子どもが
可愛いと思えない
のでしょうか？

相談者

やっぱり批判された……。
理由を説明できない自分は
ダメな人間だ……

Point

相手に責められていると
感じさせてしまい、
信頼関係を築けない

支援者の考えを押しつけない

相手の状況や気持ちをまとめるのは決めつけでしかない

相談を受けるときには、相手の話に耳を傾けながら、自分が理解したことを相手に伝え、力を合わせて問題への対応策を考えていくようにします。そのとき、自分の解釈や意見を一方的に押しつけないように意識しましょう。

「仕事を持っていないのに子どもをうまくあやせず、母親失格」だと思っている母親と話していると、相手をなぐさめようとして、つい「そんなことはない、頑張っているじゃないですか」と言ってしまうことがあります。でも、それはあくまでも支援者の考えです。そのように一方的に言われても、相談者は「きちんとできている人もいるんだから」と考えて、納得できないでしょう。

相談を受けているときに、相手が置かれた状況や話したことをまとめて、「○○ということですね」と言うことがあります。話が混乱しているときにはそうしたまとめが役に立ちます。しかし、場合によっては、そのように**支援者が話をまとめるのは、自分の話がわかりにくいからだと相談者が考えて、自分を責めるようになる可能性もあります**。だからといって、支援者が自分の考えを言わないようにして質問を続けると、誘導尋問のようになりかねません。

そうしたことを避けるためには、「私はこう思うけど、あなたはどう思いますか」と言うなど、**支援者が言ったことはあくまでも支援者の考えだということを示す**ようにします。そうすれば「そういう考えもあるのか」と、相談者が新たな気づきを得られるようになります。

考えを決めつけや押しつけにしないためには？

OKな返答とNGな返答例

相談者

仕事もしていないのに、
赤ちゃんも上手にあやせないなんて……。
母親失格だと思ってしまうんです

○ OKな返答例

支援者

初めてのお子さんなのに
育児も家事もちゃんと
こなせていますし、
母親失格ではないと
思うのですが、
いかがでしょうか？

相談者

言われてみれば
そうかもしれない……

Point

あくまで支援者の
考えであることを示す

× NGな返答例

支援者

そんなことないですよ！
あなただって1日中抱っこして
よく頑張っている
じゃないですか。
母親失格なんかじゃ
ありませんよ

相談者

そんなこと言われても
できてないんだから……

Point

考えの押しつけや
相談者の持っている力を
否定することに

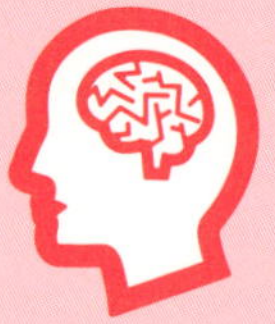

相談者の主体性を大切にする

一緒に情報を集めて相談者の気づきを深める

問題解決の主役は相談者本人です。支援者が代わることはできません。支援者は応援団でありコーチです。あくまでもプレーヤー＝相談者本人が、コーチ＝支援者の助けも借りながら、自ら体験し、気づきを深め、工夫していかなければ、問題に対処する力は育ちません。

ですから支援者は、一方的な解釈や決めつけをしないで、**相談者が現実に目を向けられるような問いかけを行い、問題に気づくことができるようにサポート**していきます。

たとえば、相談者が「赤ちゃんが1日中泣くので寝不足になり、頭がぼーっとしてしまう」と悩みを打ち明けたときには、「そのときの状況を詳しく教えていただけますか」と質問するなどして、**相談者の気持ちや考え、行動などを含めて、そのときの状況を丁寧に振り返る**ようにします。

そうすれば、**相談者に新しい気づきが生まれ、そこでどのように対処していけばよいか考えていける**ようになります。

そのとき、支援者が「家族のサポートが足りていないのでは？」といった自分の解釈を一方的に伝えてしまうと、たとえ相談者が「そんなことはない」と考えても、反論することができません。相談者が「そうかもしれない」と考えてしまうかもしれません。それでは、話の主導権を支援者が握ってしまうことになります。

問題に取り組む主役は相談者本人だということを忘れないようにしてください。

気づきを深める質問を重ねるには？
OKな返答とNGな返答例

相談者

赤ちゃんが1日中
よく泣くので寝られなくて……。
寝不足のせいか頭もぼーっとしてしまって

OKな返答例

支援者

赤ちゃんが1日中よく泣いて
寝られないとのことですが、
夜中に赤ちゃんが泣いたときの
状況をもう少し詳しく
教えてもらえますか？

相談者

夜中、おっぱいをあげて、
やっと寝たと思って布団に置くと、
またギャーッと泣かれて。
「また？」と思って
イライラしてしまうんです

支援者

そういうときは
どうしているんですか？

相談者

夜は私と赤ちゃん2人で
寝ているんですが、
赤ちゃんが泣いて夫が部屋に来て
抱っこしてくれると、
とてもホッとします

Point

気づきを深められる
ような質問をし、
相談者が中心に話をする

NGな返答例

支援者

誰か手伝ってくれる方は
いないんですか？

Point

話をまとめようとすると、
支援者が主導権を握ってしまい、
気づきを深められない

「公衆衛生情報」（2018年4月号）より引用・改変

概念化
［メカニズム］

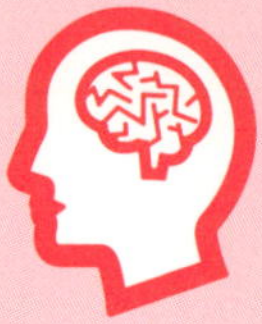

メンタルヘルス不調のメカニズムと支援のポイント

相談者の状態に応じて適切なアプローチを選ぶ

相談者の悩みを理解し、的確にスキルを選択するためには、相談者を1人の人として理解しておかなくてはなりません。その人の性格や置かれた環境を示した「地図作り」を専門的には概念化もしくは定式化と呼びますが、ここからは概念化の手順について説明していくことにします。

まずメンタルヘルス不調の発症のメカニズムについて説明します。

メンタルヘルス不調は、一般に、大きなストレスを感じたり、いくつかのストレスが重なり合ったりしたことがきっかけで生じてきます。しかも、そのときにまわりからの支援が適切に受けられないと、ストレスにうまく対処できなくなります。まわりから支援されていても、ストレスに目が向きすぎてその支援が目に入らず、その支援を生かせない場合もあります。

このような状態になると、**脳の神経系のバランスが崩れて、ひどく気持ちが落ち込んだり、不安になったりしてくるのです**。

その結果、極端に否定的に考えるようになってきます。たとえば、うつの場合は「否定的認知の3徴」といって、自分自身、周囲との関係、そして将来という3つの領域で悲観的に考えるようになります。つまり、自信をなくし、まわりの人たちを信頼できなくなり、将来に希望が持てなくなってくるのです。

そうなると、ストレスを現実以上に大きく感じるように

メンタルヘルス不調のメカニズムと対応

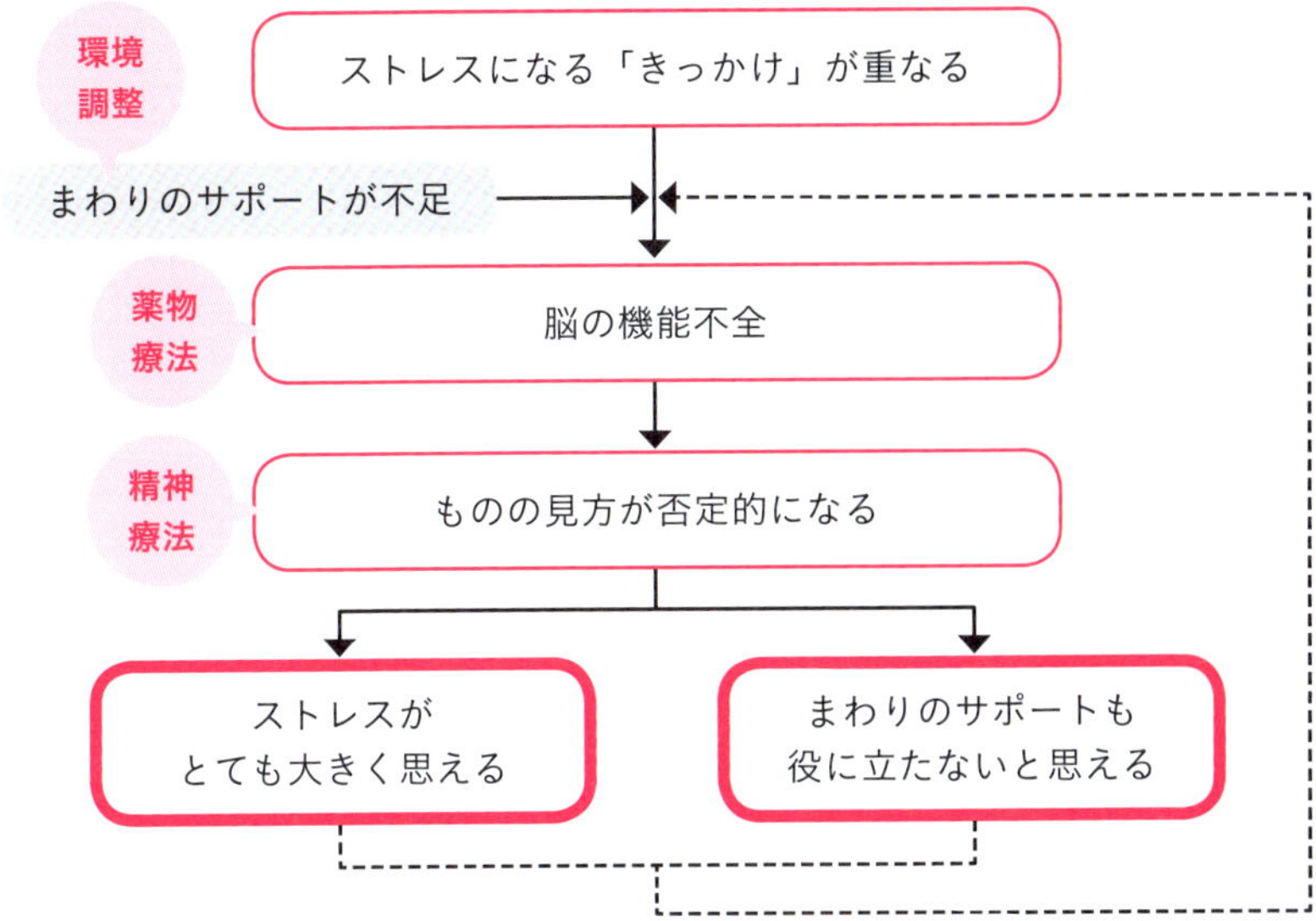

「日本うつ病学会 治療ガイドライン」より引用・改変

なり、今まで以上にまわりからの支援が目に入らなくなります。その結果、さらに脳の神経系のバランスが崩れ、悲観的に考えるようになり、悪循環が生まれてくるのです。

そのような状態にある人に対して、まず**必要な関わりは、可能な範囲でストレスになることを減らし、まわりから効果的な支援ができる仕組みを整える環境調整**です。同時に、認知行動療法の方法などを使って、悩んでいる人が自分で問題に対処する工夫ができる心理状態にすることも役に立ちます。

それでもつらい気持ちが続く場合や精神的な悩みが深い場合には、薬物療法が行われます。薬物療法で楽になる人は多いのですが、その場合でも環境調整や心理的アプローチは必要です。

人によっては、副作用などを気にして処方通りに服薬できていないこともあるので、その場合には、相談者の気持ちに耳を傾けながら、主治医への相談の仕方を話し合うようにするとよいでしょう。

概念化
［症状の確認］

症状の程度と経過を確認する

症状を聞くときには共感を忘れずに

最初は、うつ気分や不安などの気分の変化、言葉数が少なくなり人間関係を避けるようになっているといった行動面の変化、睡眠や食欲など体調の変化など、いわゆる症状について聞きます。このように症状をきちんと把握するのは大切ですが、そのために**次々と質問をして誘導尋問のようになってしまうことがあるので、注意も必要**です。

症状は、相談者が悩んでいることでもあるので、「それは大変ですね」「つらかったでしょうね」と**共感の言葉をかけるように**してください。悩んでいる人は、そのように寄り添ってもらえるだけで、気持ちが楽になります。

そうした**症状の程度を確認することも大事です**。その症状のためにとてもつらい思いをしていたり、日常生活に支障が出たりしているときや、睡眠や食欲に変化が出ているとき、死にたいと思うほどに思いつめているときには、より専門的な手助けが必要です。

その症状の経過についても聞きましょう。つらい症状が2、3週間続いていて改善の兆しが見られないときには、医療機関の受診を勧めます。受診後、必要があれば、本人の了解を得たうえで主治医と連携しながら本人を支えていきます。一方、改善の兆しが見られて、危険がないようであれば、定期的に会って状態を確認します。

職場や家庭、学校などに働きかけて、相談者のストレスを軽くすることも大事です。その際は相談者の工夫などにも目を向け、その人の強みを生かす支援を意識しましょう。

症状の評価から支援まで

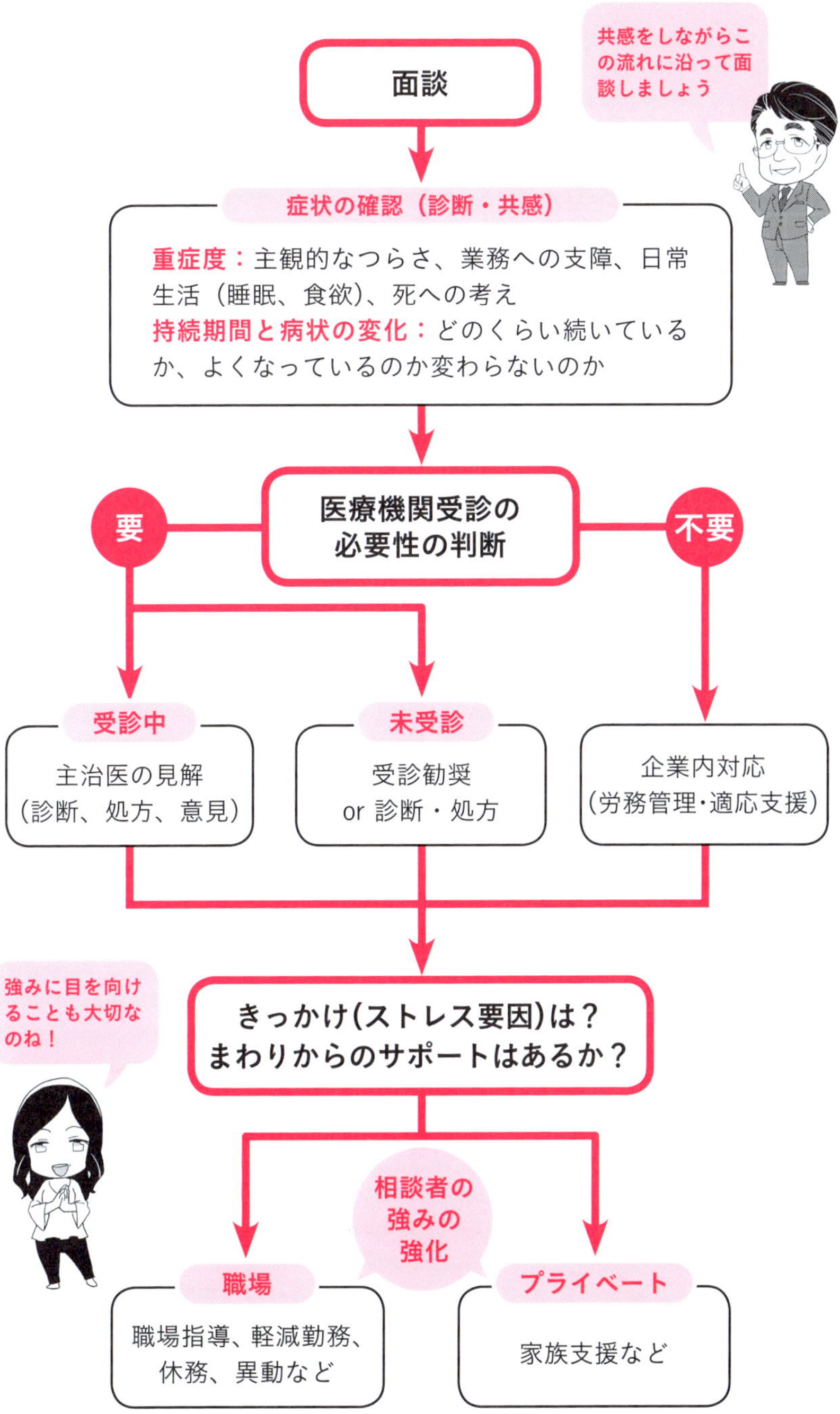

概念化
［理解］

相談者をあらゆる角度から理解する

生まれ育ち、強み、不調のきっかけなどについて知る

認知行動療法は、認知という情報処理システムに焦点を当てながら問題解決能力を高めるアプローチで、**その人を全体的に、つまり全人的に理解することを大切にします**。

認知行動療法の面談は、相談者とよい信頼関係を築きながら、**その人の生まれ育ちを知ることから始まります**。そのために、相談者本人から過去の話を聞くことになりますが、そこで語られる過去の記憶はそのままの事実ではなく、そのときのこころの状態の影響を受けて思い出された記憶だということを意識しておくようにしましょう。とくに、こころの元気がないときにはよくない出来事を多く思い出す傾向があります。ですから、できるだけ本人だけでなく、家族などまわりの人たちからも話を聞くことが大事です。また、その人が抱えている問題だけでなく、**その人の強みを知ることも大切です**。

どのようなきっかけがあって、ないしは重なってこころの不調が起きてきたのか、その出来事がその人に強い影響を与えたのはどのような背景があるからなのかを丁寧に聞き取り、その人を全人的に理解していきます。

こうしたことを十分に理解したうえで、本人の考え方や行動に働きかけるアプローチに加えて、環境に働きかけるアプローチや、場合によっては医療機関における治療など、その人の役に立つ支援を総合的に考え、その方針を本人にも伝えて、協力して問題に対処していく関係を築いていくようにします。

全人的理解のための概念化

**遺伝要因・成育歴
過去の体験**

↓

**性格特徴
（スキーマ）**

- 人に頼っては
いけない

強み

- しっかりしている
- 責任感が強い
- 真面目

↓

不調のきっかけとなる出来事と解決できない理由

**問題の
誘発・維持**

〈きっかけとなる出来事〉

- 引っ越し

〈解決できない理由〉

- 友達は独身ばかりで子どもの話ができない
- 夫は忙しいので相談できない

「出来事」の奥にある性格特徴や遺伝的要因を知ることが全人的理解のポイントなのね……

今起きていること

出来事

出産に対する不安が高まっている

→

自動思考

- 2人の子どもなのに……と思うと夫にイライラする
- 私が体調管理できないと、赤ちゃんに悪影響があるかもしれない

気分・行動

うつ、不安、不眠、イライラ

概念化
［理解］

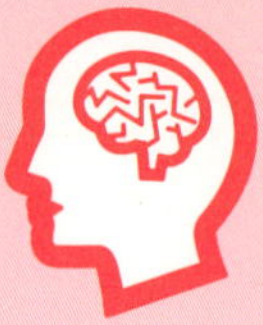

〝みたて〟を大切にする

症状だけでは相談者の理解には不十分

　悩んでいる人の支援では、うつ病やPTSD※、発達障害などの診断名だけでなく、その人全体を理解し、その人が希望する目標に向けて一緒に進んでいくことが大切です。

　そのことはDSM‐5という略称で呼ばれて世界的に広く使われている、アメリカ精神医学会の公式の診断分類「精神疾患の分類と統計マニュアル」の前書きでも注意を促しています。そこでは、悩んでいる人の手助けには単に症状を見るだけでは不十分で、その人の生まれ育ちやその人が置かれている環境、心理状態などを総合的に判断して、その人の役に立つ手助けができると書かれています。

　そのようにわざわざ書いてあるのは、相談者を支援するのに、診断名だけでは十分ではないということを強調するためです。

　もちろん診断名は手がかりの1つとして大切です。しかし、本当に相談者の役に立つ支援を行うためには、精神疾患を持っているかどうかにかかわらず、**相談者の人となりすべてに目を向けた〝みたて〟をする必要**があります。それができて初めて、**その人にもっともあったテーラーメイドの支援をする**ことができるようになるのです。

　適切な〝みたて〟のためには、左の図で示したように、相談者の背景を知ることから始まります。そして、現在の問題を整理しながら、当面の目標と未来の目標を共有し、その目標の達成を妨げている認知や行動を明確にしたうえで、できるだけ目標に近づくための手立てを考えます。

※PTSD（Post Traumatic Stress Disorder）：心的外傷後ストレス障害

“みたて”の手順

相談者の全体像の理解

- 症状と診断
- 発症の契機と持続要因
- 現在の問題
- 生物学的、遺伝学的、および医学的要因
- 小児期の体験やその他の形成期の体験の影響
- 長所と強み
- スキーマ（P108 参照）

↓

治療目標の共有

どのようになりたいか
（当面の目標と未来の目標）

ゆかりさんの場合

- 夫の協力を得たい
- よい子育てをしたい

↓

作業仮説を立てる

なぜ発症し目標を達成できないでいるかについて支援者が仮説を考える

ゆかりさんの場合

- 頑張り屋の性格であるうえに夫は忙しく、両親は遠くに住んでいるために、1人で頑張りすぎて心身共に疲れ切っている

→

治療計画を立てる

作業仮説を立てたうえでどうすれば目標を達成できるかを考える

ゆかりさんの場合

- 1人で頑張りすぎる考え方を和らげる
- 夫に相談するスキルを身につける
- 気分転換する時間を持つ

「かんたんコラム」で客観的に捉え直す

1人でいると 赤ちゃんがちゃんと 息をしてるかとか
うんちの色が 変じゃないかとか 泣きすぎなんじゃないか とか怖くなって……
泣き止まないのも つらくて
そうなの…
これ、新生児訪問のときに 記入をお願いしている アンケートなんですが 答えられますか？
はい
育児支援チェック
①夫には何でも打ち明けることができますか？
はい ・ いいえ ・ 夫がいない
② お母さんには何でも打ち明けることができますか？
はい ・ いいえ ・ 実母がいない
③ 夫やお母さんの他にも相談できる人がいますか？
はい ・ いいえ
4. はっきりした理由もないのに不安になったり、心配したりした。
( )はい、時々あった。
( )はい、しょっちゅうあった。
5. はっきりした理由もないのに恐怖に襲われた。
( )はい、しょっちゅうあった。
( )はい、時々あった。
( )いいえ、めったになかった。
( )いいえ、全くなかった。
6. することがたくさんあって大変だった。
( )はい、たいてい対処できなかった。
( )はい、いつものようにはうまく対処できなかった。
( )いいえ、たいていうまく対処した。
( )いいえ、普段通りに対処した。
7. 不幸せな気分なので、眠りにくかった。
( )はい、ほとんどいつもそうだった。
( )はい、時々そうだった。
( )いいえ、あまり度々ではなかった。
( )いいえ、全くなかった。
8. 悲しくなったり、惨めになったりした。
( )はい、たいていそうだった。
いつも強くそう感じる。
たまに強くそう感じる。
たまに少しそう感じる。
全然そう感じない。
1)赤ちゃんをいとしいと感じる。
2)赤ちゃんのためにしないといけないことがあるのに、おろおろしてどうしていいかわからない時がある。

周産期うつの
症状が出てる
ようね……
ゆかりさん
育児がつらくなる
ことがありますか？
あ……
育児はつらい
……です
子どもが可愛いと
思えなくなることも
……あります
ダメですよね！
こんなこと考えて
母親失格ですよね！
すいません！
そう思うと
つらいですよね
どんなときに
母親失格だと
考えるんですか？
夜中に子どもが泣いたとき
疲れて夢うつつで
おっぱいを飲ませるんです
何でこんなに大変なことを
しないといけないんだろう
って腹立たしくなる
ことがあります
みんなしていることなのに
普通にできない私は
母親失格なんじゃないかって

寝不足〜
ほんと大変〜
新生児訪問をしていると夜中のおっぱいは大変だという話はよく聞きますよ
えっ そんなこと考えるのは私だけかと思ってました
そう考えて自分を責めるお母さんは多いんですよ
そのように思い込むときちんと子育てできていないように思えてしまってますます自分を責めてしまいます
たしかに……自分で自分を追い込んでいたかもしれません
多かれ少なかれ他のママたちも同じように思うことがあると聞いて
気持ちはどうなりましたか?

何だか楽になりました
そうなんです
つらくなるときって自分はおかしいんじゃないかと極端な考えに縛られていることが多いんです
私だけ
おかしい…
私もそうなってたかもしれません
そのことに気づかれてよかったです
これは自分の考えをチェックするシートで「かんたんコラム」といいます
つらくなったときにこのシートで気持ちをチェックしてこころを軽くする練習をしてみませんか
かんたんコラム
①状況
どのようなことが起こりましたか？
②自動思考
どのような考えが頭に浮かびましたか？
③適応的思考
バランスのよい考えをしてみましょう
④気分の変化
気分は変わりましたか？
私にできるでしょうか…
せっかくですから今日話し合ったことを書き込んでみましょうか
かんたんコラム

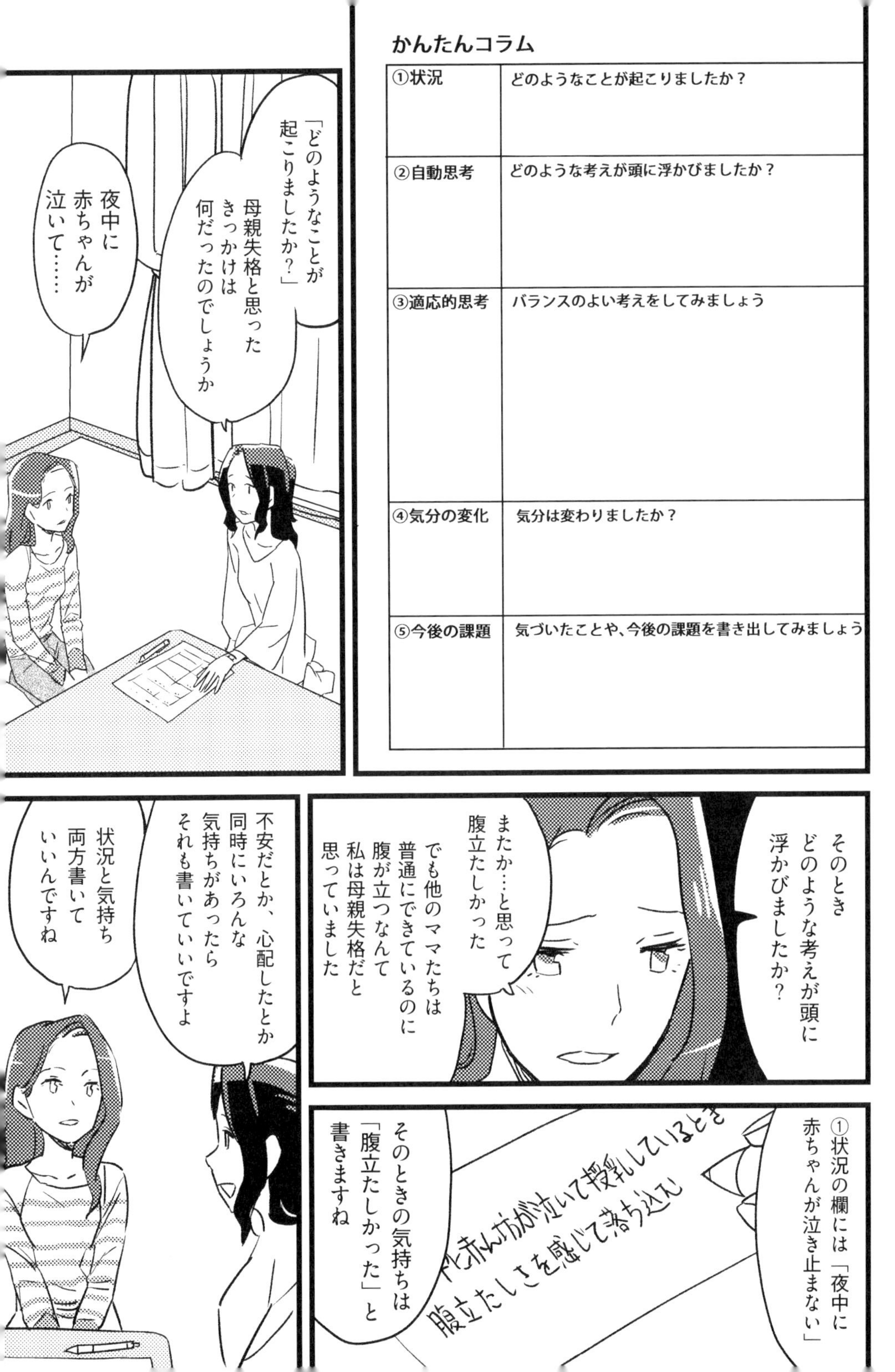
かんたんコラム
①状況
どのようなことが起こりましたか？
②自動思考
どのような考えが頭に浮かびましたか？
③適応的思考
バランスのよい考えをしてみましょう
④気分の変化
気分は変わりましたか？
⑤今後の課題
気づいたことや、今後の課題を書き出してみましょう
「どのようなことが起こりましたか？」母親失格と思ったきっかけは何だったのでしょうか
夜中に赤ちゃんが泣いて……
そのときどのような考えが頭に浮かびましたか？
またか…と思って腹立たしかった
でも他のママたちは普通にできているのに腹が立つなんて私は母親失格だと思っていました
①状況の欄には「夜中に赤ちゃんが泣き止まない」
赤ちゃんが泣いて授乳しているときも
腹立たしさを感じて落ち込む
そのときの気持ちは「腹立たしかった」と書きますね
不安だとか、心配したとか同時にいろんな気持ちがあったらそれも書いていいですよ
状況と気持ち両方書いていいんですね

②の自動思考の欄は①の状況を経てとっさに浮かんだ考えを書きます
ゆかりさんの場合は「母親失格だ」ですね
腹立たしい気持ちになってしまったので「母親失格」と思いました
「私に子育てはできないかも……」という考えも出ました
たんコラム
どのようなことが起こりましたか？
②自動思考
どのような考えが頭に浮かびましたか？
母親失格
浮かんだ考えはいくつ書いても大丈夫です
でも先ほどそうやって自分を責めるお母さんが実は多いとご存知なかったですよね？
私から聞いてどう感じましたか？
私だけかと思っていたので驚きました
それでもやっぱり母親失格だと思われますか？
いえ、それは行きすぎかもしれません
他のママも同じように悩んでいるとわかれば「私に子育てはできない」も撤回できそうです
そう考えてみると気分はどうですか？
少し楽になります

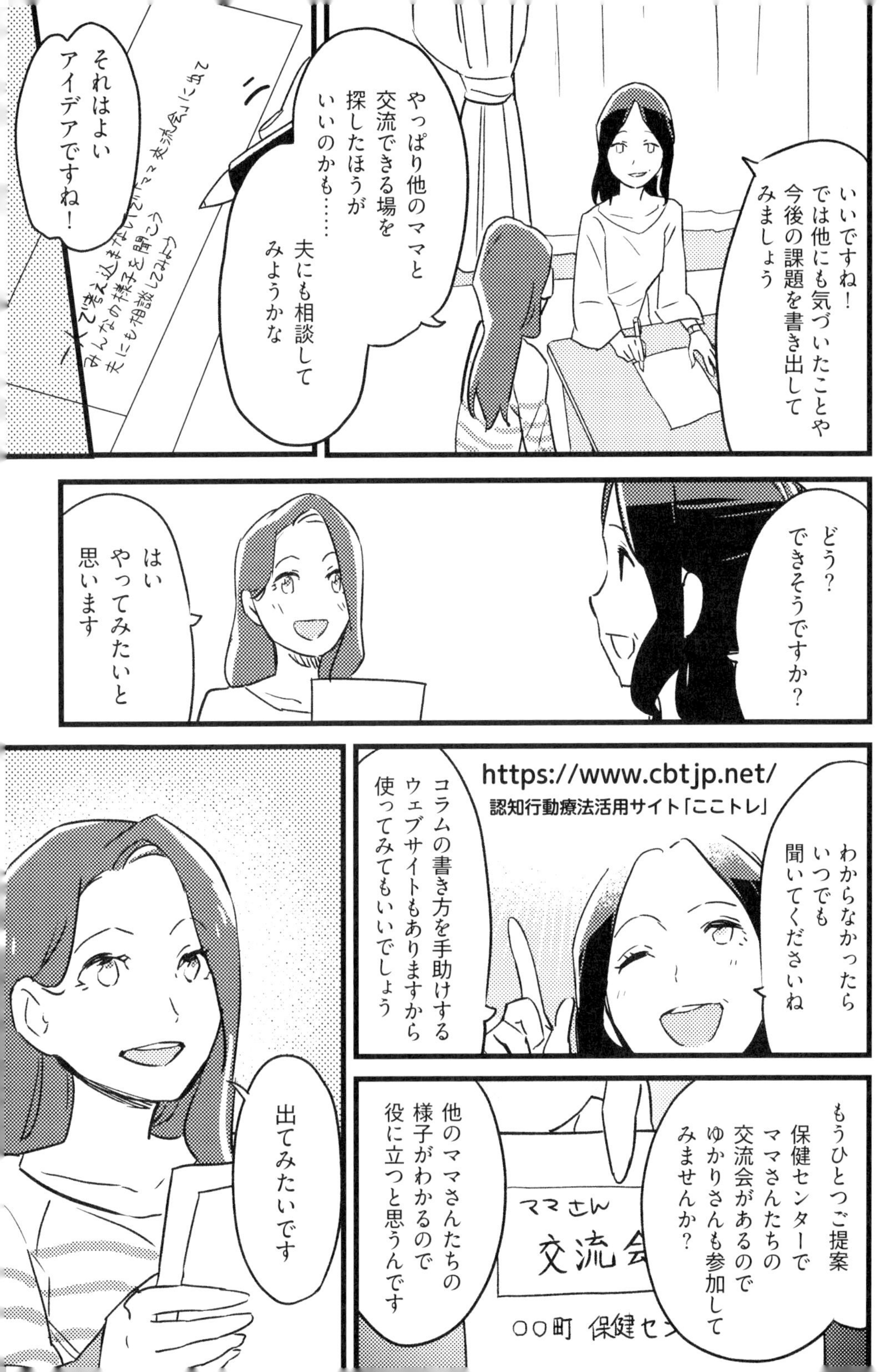
いいですね！ では他にも気づいたことや 今後の課題を書き出して みましょう
やっぱり他のママと 交流できる場を 探したほうが いいのかも……
夫にも相談して みようかな
それはよい アイデアですね！
どう？ できそうですか？
はい やってみたいと 思います
https://www.cbtjp.net/
認知行動療法活用サイト「ここトレ」
わからなかったら いつでも 聞いてくださいね
コラムの書き方を手助けする ウェブサイトもありますから 使ってみてもいいでしょう
もうひとつご提案 保健センターで ママさんたちの 交流会があるので ゆかりさんも参加して みませんか？
他のママさんたちの 様子がわかるので 役に立つと思うんです
ママさん
交流会
○○町 保健セン
出てみたいです

こころの扉を開く認知再構成法とは？

悩んでいるときは、ネガティブな考えに縛られている

否定的認知の3徴
自分
私は母親失格だ
周囲
ダメな母親だと思われている
将来
子どもの将来が心配だ
落ち込んでいるときは自分・周囲・将来に対して悲観的になっています

諦めから一歩踏み出す考え方に変える

ゆかりさんは、育児をつらいと感じたり、子どもをいとおしく思えなかったりする自分を「母親失格」だと考えていました。

ゆかりさんに限らず、私たちは気分が落ち込んだり、悩んだりしているときには、自信をなくして自分を責めるようになります。周囲の人を信頼できなくなり、将来を悲観的に考えるようにもなります。その結果、よくない面ばかりが目について、さらに悲観的に考えるようになる、という悪循環が起きてきます。

このようなときには、自分の考えが悲観的になりすぎていないかを確認して、現実的な考え方ができるようにする

思い込みから離れ、自分から距離を置いて情報を集める

と、解決策が見えてくることがあります。

これまで書いてきたように、私たちは新しい出来事に出合ったときに、とっさに判断して行動します。しかし、最初の情報はごく限られています。多くの場合は、それでも的確な判断ができるのですが、**つらい気持ちになっているときにはよくない可能性が現実以上に大きく見えて、思うように行動できなくなることがあります**。

そうした変調に気がついたときには、ちょっと立ち止まって、**自分から距離を置いて、自分が置かれている現実に目を向けて情報を集めます**。そうすると、よくないことばかりでなく、よい面も見えてきます。

ゆかりさんの場合であれば、子どものためにいろいろと工夫している自分が見えてくるはずです。そうすると少し落ち着いて、今困っている問題に対処する方策を考えることができるようになります。こころの扉を開くために、機能的思考や適応的思考と呼ばれている考えを導き出すのが、これから紹介する認知再構成法です。

「かんたんコラム」でこころを客観的に見る

「もう1人の自分」を眺めるような冷静な視点を持つ

認知再構成法は対話で進めることがよくありますが、相談者が1人になったときに自分で自分の考えを振り返られるように、「コラムに書き出す」という方法を使うこともあります。コラムに書き込む作業は、日記と同じで、自分を振り返るのにとても役に立ちます。

「かんたんコラム」などのコラム法は、とっさの判断を振り返って、現実に目を向けながら、次の工夫につながるような機能的で適応的な考えができるように作られています。そうした考え方ができれば、気持ちがずいぶん楽になりますし、問題を解決できる可能性も高まります。

「かんたんコラム」は、86ページに記載しているように、

コラムに書き出すメリット

1. 書くことで気持ちが楽になる
2. 書くことで考えが整理できる
3. 自分を客観的に見られるようになる

③は「もう1人の自分」が
「自分」の相談にのるイメージ

うん、うん
状況はこうで、そのときの気持ちは……

認知再構成法で現実を整理して捉え直す

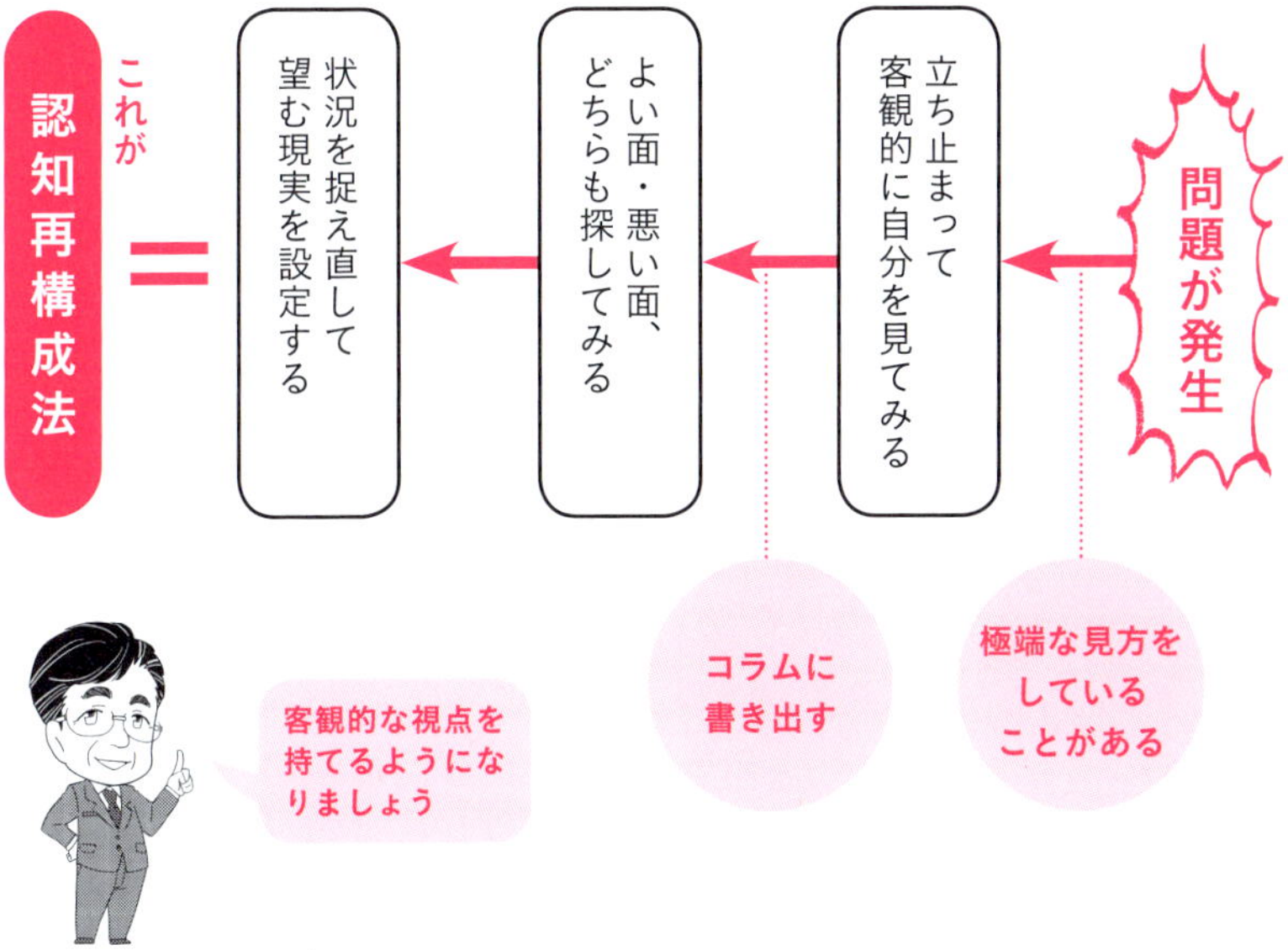
問題が発生
立ち止まって客観的に自分を見てみる
よい面・悪い面、どちらも探してみる
状況を捉え直して望む現実を設定する
=
これが
認知再構成法
極端な見方をしていることがある
コラムに書き出す
客観的な視点を持てるようになりましょう

「状況」「自動思考」「適応的思考」「気分の変化」「今後の課題」の5つのコラムで構成されたものです。

具体的な書き方は後で項目ごとに解説しますが、このコラムに書き込んでいくことで、相談者は考えが整理でき、自分自身から距離をとって、自分のことを客観的に眺められるようになります。それは、**「もう1人の自分」を作り出して、自分が自分の相談にのるプロセスとも言えます**。

ただし、コラムはあくまでも自分を振り返って、次につながる工夫を考え出すための手段の1つです。このようなコラムがあると、きちんと記入しないといけないと考えて、コラムをきれいに書き込むこと自体が目的のようになってしまう人がいますが、それは好ましくありません。

認知再構成法でコラムを使うときには、面談で具体的な問題を相談者と話し合って、ある程度全体像が見えてきたところで一緒に書き込んでみて、それを1人のときにも使ってみるように、と勧めるといいでしょう。

かんたんコラム（記入例）

1 状況	**どのようなことが起こりましたか？** ・赤ちゃんが泣き止まないので、心配でつらくなった （そのときの気分、気持ち、感情を書いてもOK）
2 自動思考	**どのような考えが頭に浮かびましたか？** ・私は母親失格だ ・子どもが腹立たしいなんて、私はおかしいんじゃないか？ （とっさに浮かんできた考えを書きます）
3 適応的思考	**バランスのよい考えをしてみましょう** ・他の母親はどうしているか、聞いたことがないから、わからない。それなのに母親失格と決めつけるのは行きすぎかもしれない （自動思考に対して、他の考え方を検討しよう）
4 気分の変化	**気分は変わりましたか？** ・少し気持ちが軽くなった （1の状況・気持ちと比べてみましょう）
5 今後の課題	**気づいたことや、今後の課題を書き出してみましょう** ・1人で抱え込んでいるとネガティブに考えてしまいがちだ。夫がいるときには、話を聞いてもらおう ・保健師さんにも相談してみよう （先に進むための工夫や新しい考えを書いてみましょう）

かんたんコラム

1 状況	どのようなことが起こりましたか？
2 自動思考	どのような考えが頭に浮かびましたか？
3 適応的思考	バランスのよい考えをしてみましょう
4 気分の変化	気分は変わりましたか？
5 今後の課題	気づいたことや、今後の課題を書き出してみましょう

つらくなった現実場面を切り取る

気持ちが動揺した場面を
スナップショットのように捉える

自分が置かれている状況や気持ちや行動を振り返る

ここからは「かんたんコラム」の書き方を、項目ごとに説明していきましょう。

「状況」の欄には、気持ちが動揺したり、つらくなったりしたときの状況と、そのとき感じた気持ちやそのときの行動を書き込みます。

このとき、**気持ちが動揺した具体的な場面をスナップショットのように切り取るように書き込むことが大事です**。

この欄に、「これまで何をやってもうまくいかなかった」とか、「失敗ばかり続いている」といった継続していると思われる状況を書き込む人がいますが、それだと、具体的

かんたんコラム

1 状況	・赤ちゃんが泣き止まないので、心配でつらくなった
2 自動思考	→書き方は P.90〜
3 適応的思考	→書き方は P.98〜
4 気分の変化	→書き方は P.104〜
5 今後の課題	→書き方は P.106〜

状況を切り取って書き、そのときに感じた気持ちも一緒に書く

1 状況（問題発生）を書き → 気持ち・感情を振り返り → 背景にある 2 自動思考を探る

に何が起きているかを検討することができません。

ですからこの欄には、**「うまくいっていない」と考えた場面や「失敗だ」と考えた場面を1つだけ切り取って書くようにします**。そうすれば、たとえば何がうまくいって何がうまくいっていないのかを具体的に確認して、どのようにすれば少しでもよい方向に進むことができるかと、工夫することができます。そして、その工夫が役に立つかどうかを、現実場面で確認することができます。

この欄には、**出来事と一緒に、そのときの気持ちも書き込むようにします**。

コラム法のなかには、状況と気持ちを分けて書くコラムもありますが、気持ちが動揺したときに、その場面を切り取って書き出すためには、気持ちと状況を一緒に書き出すスタイルのほうがやりやすいこともよくあります。ですから、「かんたんコラム」では、その両方を区別せずに書き込むようにしています。

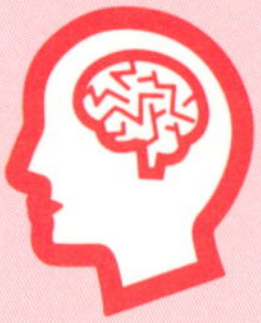

頭に浮かんだ考えに目を向ける

問題解決を妨げている思考や行動を意識する

かんたんコラムでは「状況」の次の欄に、つらくなった場面でどのようなことを考えたかを書き込みます。

このような、**何かが起こったとき、「とっさに頭に浮かんだ考えやイメージ」を「自動思考」と呼びます**。

自動思考というとネガティブな内容だと考える人がいますが、必ずしもそうではありません。その場面で瞬間的に浮かんだ考え、つまりとっさの判断ですから、ネガティブなこともあればポジティブなこともありますし、中立的なこともあります。

とっさに頭に浮かんだ考えに注目するのは、**そうした考え（自動思考）が、そのときの問題への対処能力を低下させて**

自動思考の例

状況	同僚が飲み会の話をしているのが聞こえたが、私は誘われていない
ポジティブな自動思考の例	「このあと私も誘ってもらえるはず！」 ➡自分は誘われて当然、と考える
中立的な自動思考の例	「あ、飲み会をするんだ。何か共通の話題でもあるのかな？」 ➡たまたま自分の知らないところで飲み会の話が出た、と考える。（自分がいたら誘われるし、いなかったからたまたま誘われなかっただけ）
ネガティブな自動思考の例	「私だけが誘われていない。きっと嫌われているんだ」 ➡誘われないのは嫌われているからだ、と考える

かんたんコラム

1 状況	・赤ちゃんが泣き止まないので、心配でつらくなった
2 自動思考	・私は母親失格だ ・子どもが腹立たしいなんて、私はおかしいんじゃないか？
3 適応的思考	→書き方は P.98～
4 気分の変化	→書き方は P.104～
5 今後の課題	→書き方は P.106～

自動思考の欄には、とっさに頭に浮かんだ考えをすべて書き込もう

いる可能性があるからです。

「やっぱり自分にはどうすることもできないんだ」「どうせ何をやってもダメなんだ」と考えてしまうと、もう少し頑張って工夫してみようという気力が失われていきます。

つまり、**自分の可能性の扉を自分で閉じてしまうことになるのです**。

しかも、こうした考えは瞬間的に頭に浮かんでは、ほとんど意識されないまま消え去っていきます。それでいて、その後の自分の考え方や行動を左右することになるので、やっかいです。

そこで、何かが起きたときに、とっさに考えたことを意識的に思い出してコラムに書き込むことで、その考え（自動思考）を意識できる状態にします。

このように、気づかずに自分の行動を左右していた考えを書き出し、それを客観的な視点に立って見直せば、自分が主役になった状態で、その考えをもう一度冷静に検証し直すことができます。

思考のエラーに気づこう

問題にうまく対処できなくなっているときの特徴

① 今に目が向いていない

② 決めつけが強い

↓

「決めつけ言葉」が出たら注意！

思考のエラーが起きているかも

現実離れした極端なマイナス思考に要注意

問題にうまく対処できなくなっているときの考えには、2つの特徴があります。それは、**「決めつけが強い」ことと、「今に目が向いていない」ことです。**

こうした考えにもいくつかの種類があり、もう少しその内容を細分化して見ていくと、根拠がないまま結論を急ぐ**「先走り思考」**や、よいか悪いかでしか考えない**「白黒思考」**、厳しいルールで縛る**「べき思考」**、さらには自分だけを責める**「自己批判」**などがあります。

こうした考え方がよくないかというと、必ずしもそうではありません。それぞれ、**決断が早い、きちんと判断できる、頑張れる、内省的**、といった長所でもあります。

考え方にはよい面とよくない面の両面がある

先走り思考	⟷	決断が早い
白黒思考	⟷	きちんと判断できる
べき思考	⟷	頑張れる
自己批判	⟷	内省的

しかし、こうした判断が現実から乖離《かいり》して、決めつけになってしまうと、問題に適切に対処できなくなり、悩みが続くことになります。「いつも」「やっぱり」「どうせ」「何をやっても」「決して」など、自動思考のなかに決めつけ言葉が入っているときは要注意です。

このように、現実から乖離した決めつけになってしまうのは、**その人のなかで、一時的な情報処理プログラムのエラーが起きている状態だから、と考えることができます**。

認知行動療法は、そのプログラムを修復して、適切に判断できるように手助けします。

過去のことにとらわれたり、将来のことを心配しすぎたりするのも、プログラムエラーの徴候です。過去は変えることができませんし、将来何が起きるかは予測できません。

ですから、認知行動療法では、今起きていることに焦点を当てて、過去を活かしながら今をよりよく生き、将来に向けて準備ができるように手助けしていきます。

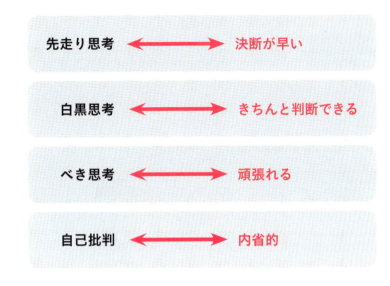

認知再構成法
［自動思考❸］

自動思考の見つけ方

自動思考が浮かばないときには…

① **状況が曖昧**になっていないかを再確認する

「状況」のなかに「考え」が入っていることが多い!!

② **否定的認知の３徴**を自分・周囲・将来の視点から質問する

つらくなっているときには、「状況」を思い違いしていることもあります

「否定的認知の3徴」を意識して出来事を振り返る

面談のときに、自動思考について尋ねてもうまく答えられない相談者は少なくありません。自動思考は、瞬間的に頭に浮かんで、ほとんど意識されないまま消えていくからです。

しかも、気持ちが動揺しているときであれば、なおさら意識することができないものです。

そうした場合には、そのときに何が起きているかを丁寧に振り返ってもらいます。そうすると、**「状況」のなかに事実や気持ちと一緒に「考え」が入っていることがよくあります**。本人は意識できていなくても、「状況」の1つひとつを丁寧に見直すことで、支援者など他の人が気づくこ

自動思考をつかめないときに役立つ3つの視点からの質問

自分 → **そのとき自分のことをどう考えたか？**
〈質問例〉赤ちゃんが泣き止まないとき、あなたは自分に対してどういうことを考えましたか？

周囲 → **そのとき他人が自分についてどう思っていると考えたか？**
〈質問例〉赤ちゃんが泣き止まないとき、周囲の人はあなたをどう見ていると思いましたか？

将来 → **そのことについて、どのような結果を生むと考えたか？**
〈質問例〉赤ちゃんが泣き止まないと、この先どんなことになると思いましたか？

ともよくあります。

ですから、相談者が1人でいるときには、出来事を思いつくままに書き出してみるように勧めます。というのも、書き出した後に、その**「出来事（状況）」の一つひとつを丁寧に振り返ると、そのなかに自動思考が入っていることがよくあるからです**。

それでも自動思考をはっきりとつかめない場合には、66ページで紹介した、**「否定的認知の3徴」を意識して振り返るようにします**。落ち込んだり不安になったりしているときには、自分、周囲との関係、将来に対して、悲観的に考えるようになっているからです。

つまり、そのとき**「自分のことをどう考えたか」「周囲が自分のことをどう思っていると考えたか」「将来どのようになると考えたか」**と自分に問いかけてみるのです。

そうすれば、そのときに考えた内容を意識しやすくなります。

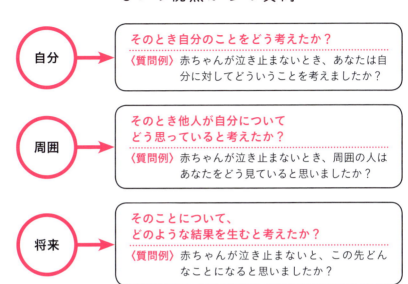

認知によって感情、行動が変わる

3大ネガティブ感情と認知、行動との関連

感情	認知	行動の例
うつ	失った！	閉じこもる
不安	危ない！	逃げる
怒り	ひどい！	攻撃する

認知、感情、行動はワンセットで動く

認知再構成法を用いるときには、「認知、感情、行動」がワンセットで動くことを理解しておくとよいでしょう。

そこで、3大ネガティブ感情の「うつ、不安、怒り」のそれぞれについて、「認知、感情、行動」の面から説明します。

うつ気分は、大切なものを「失った」と認知したときに生まれてきます。親しい人との別れや諍《いさか》い、試験に失敗したとき、病気をして健康な体を失ったと考えたときは、すべて喪失体験です。その結果、気分が落ち込み、意欲がなくなってきて、閉じこもりがちになります。

不安は「危険」という認知から生まれます。試験前や大事な契約の前に不安になるのは、失敗するのではないか

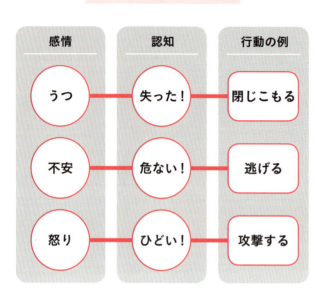

感情から問題を読み解く例

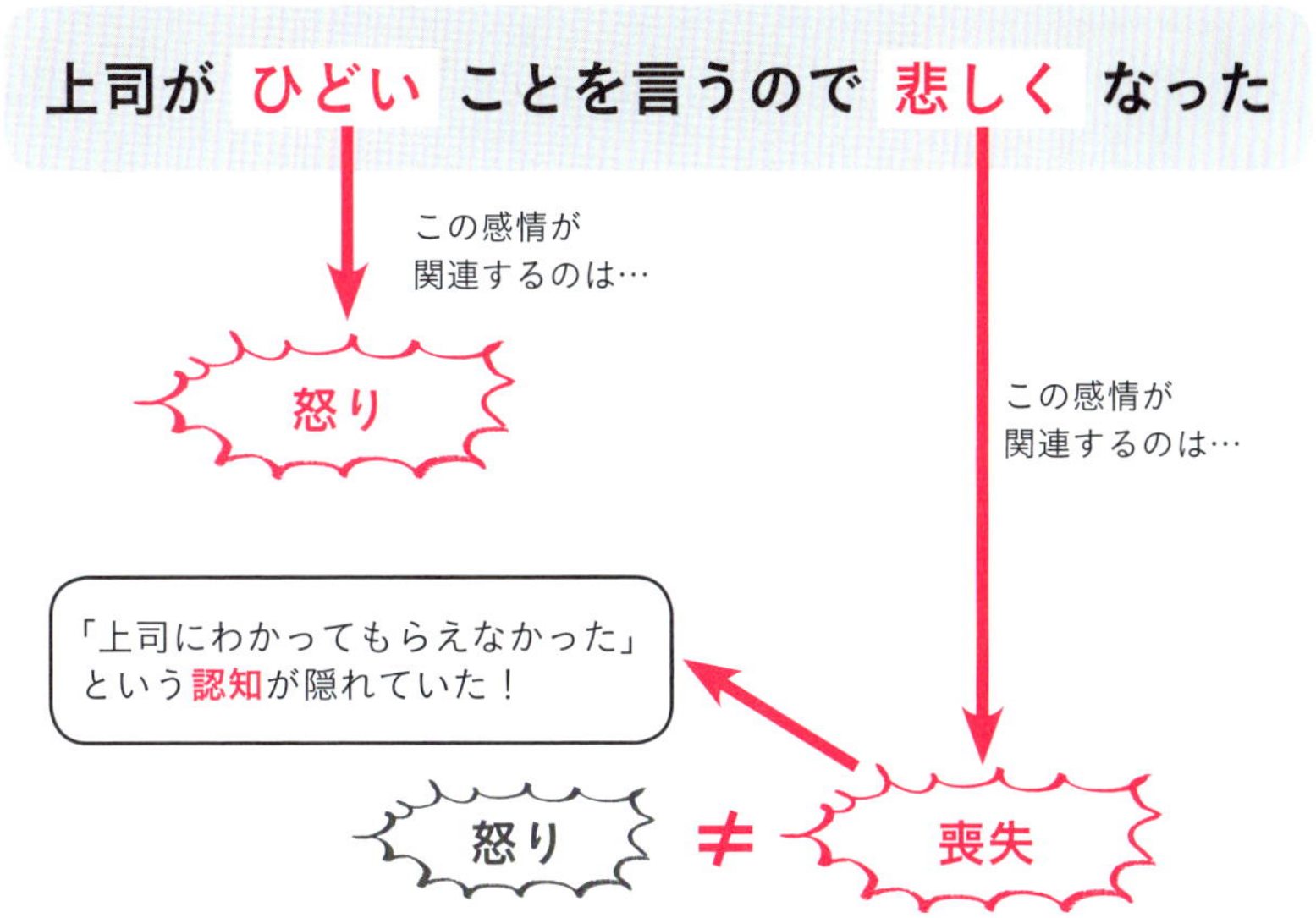

と考えるからです。その結果、危険から遠ざかろうと回避行動を取り、ますます自信をなくして不安が強くなります。

怒りは「ひどい」「不当だ」という認知から生まれます。そう考えて腹が立つと、相手に攻撃的な行動を取るようになり、お互いに感情的になってぶつかるようになります。

こうした「認知、感情、行動」の関係が頭に入っていると、相談者の話を整理しやすくなります。

ある人が「上司がひどいことを言うので悲しくなった」と打ち明けたとしましょう。先ほどの認知と感情の関係を考えると、この発言には飛躍があることがわかります。

ひどいことを言われたのであれば怒りの感情が湧くはずだからです。しかし、悲しくなったのであれば、もう1つ「上司にわかってもらえなかった」という信頼の喪失に関連した認知が働いているはずだと想定できます。

このように**認知は、ほとんどの場合、本人も意識しないレベルで働いていることが多い**ので、先の関係を意識しながら、考えを整理するのを手助けするといいでしょう。

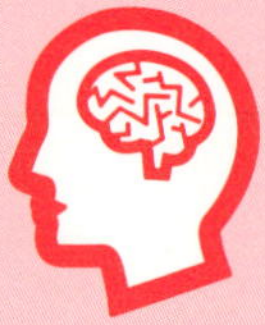

問題解決につなげる適応的思考とは？

適応的思考とは？

自動思考　「私は母親失格だ」に対して

根拠　そう考えるきっかけになった出来事を確認し

反証　自動思考と矛盾する事実にも目を向け

気分が変わるように
問題に取り組めるように
→ **工夫していく**

現実に目を向けて根拠と反証を探す

かんたんコラムの適応的思考の欄には、気持ちを動揺させるようなとっさの判断から自由になって、**現実的で適応的な思考**を書き込みます。これは、問題解決につながるような機能的な考えという意味で、機能的思考とも呼ばれています。

私たちは、とくに予想外のことが起きると、とっさによくない可能性を考えて身構えます。それは情報が少ないときの防衛的な反応ですが、その考えに縛られると、本来持っている力を発揮できなくなることがあります。

このような最初の防御本能的な反応から自由になるためには、今自分が置かれている状況に目を向けて、できるだ

かんたんコラム

1 状況	・赤ちゃんが泣き止まないので、心配でつらくなった
2 自動思考	・私は母親失格だ ・子どもが腹立たしいなんて、私はおかしいんじゃないか？
3 適応的思考	・他の母親はどうしているか、聞いたことがないから、わからない。それなのに母親失格と決めつけるのは行きすぎかもしれない
4 気分の変化	**反証を見つけ、適応的思考を探す** 現在 → ●赤ちゃんの世話でできていることは？ ●赤ちゃんが静かにしているときは？ 過去 → ●赤ちゃんが可愛いと思った場面は？ ●赤ちゃんの世話でうまくいったことは？ 未来 → ●赤ちゃんと体験できることは？ ●赤ちゃんのためにできることは？
5 今後の課題	

け情報を集め、もう一度、判断し直すようにする必要があります。

そのために認知行動療法では、**自動思考を裏づける「根拠」と自動思考とは逆の「反証」を集めるように勧めます。**もっとも、悩んでいるときにはよくない情報に目が向いているので、根拠を書き出すのは比較的簡単ですが、反証にはなかなか気づけません。そうしたときには**「現在・過去・未来」というキーワードを意識してもらうようにする**とよいでしょう。

まず、「現在」起きていることを丁寧に見ていくと、それまで気づかなかった反証が目に入ってくることがよくあります。

次に、「過去」を振り返って今と比較することも、反証に気づく助けになります。それでも反証が見つけられないときや不安なときには、行動をしてみて自分の考えの確かさを確認します。これが「未来」の意味です。

シナリオ法を使って極端に考えてみては？

シナリオ法とは？

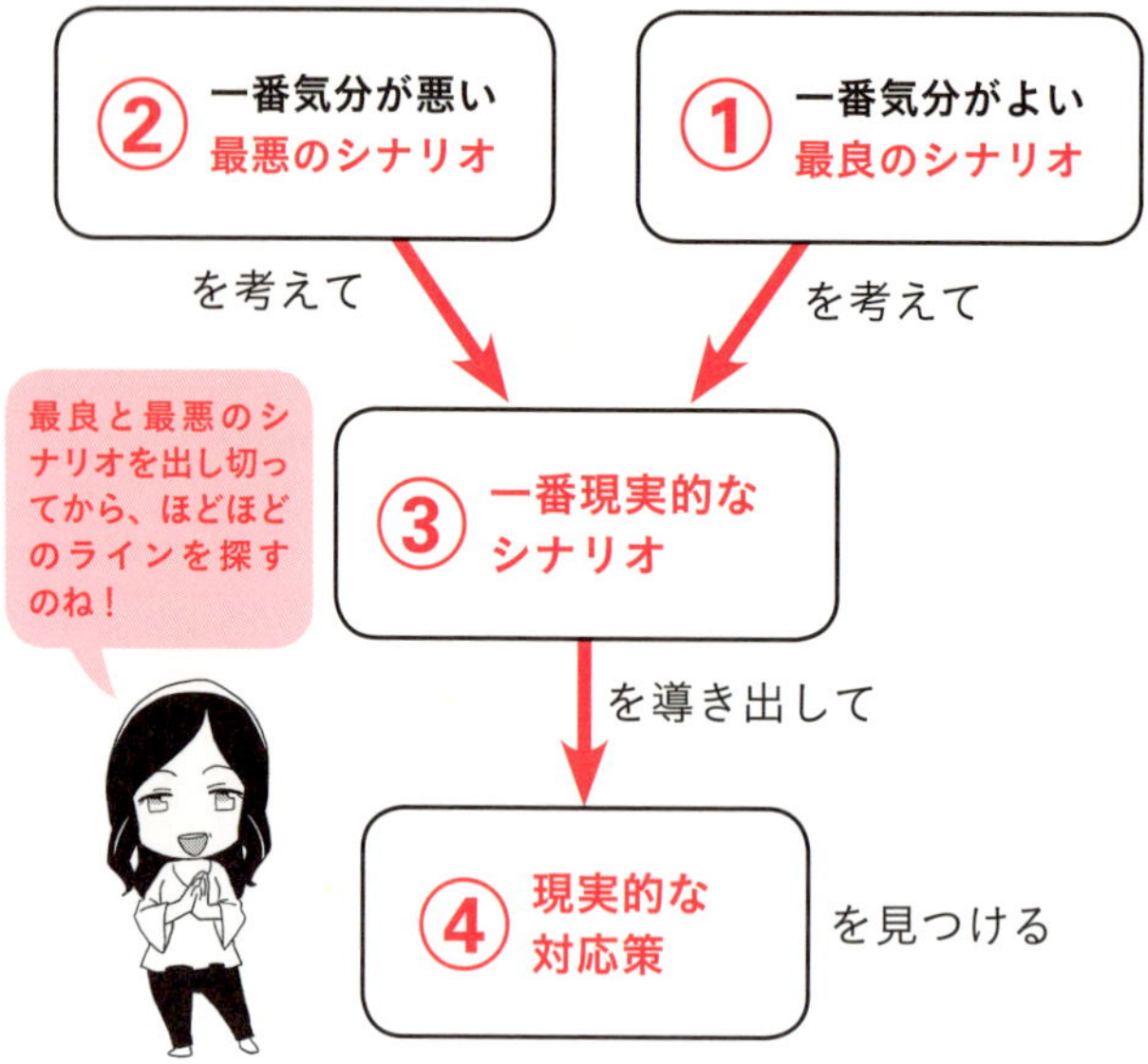
② 一番気分が悪い 最悪のシナリオ
① 一番気分がよい 最良のシナリオ
を考えて
を考えて
③ 一番現実的なシナリオ
を導き出して
④ 現実的な対応策
を見つける
最良と最悪のシナリオを出し切ってから、ほどほどのラインを探すのね！

あえて極端なシナリオを考え現実的なシナリオを創る

適応的思考とは、「どうせダメだ」と考えて扉を閉ざしているときに、「何か工夫できるかもしれない」と可能性を見つけ出し、問題に対処するための工夫につながるような考えです。

そうした考えができるようになるための方法に、「シナリオ法」と呼ばれるものがあります。これは、**最良のシナリオと最悪のシナリオを考えてから、一番現実的なシナリオを考え出す方法**です。

「どうせダメだ」と考えているときには、最悪のシナリオを考えているものです。ですから、「反証」よりも「根拠」のほうがずっと見つけやすいように、最悪のシナリオは比

【ゆかりさんの場合】

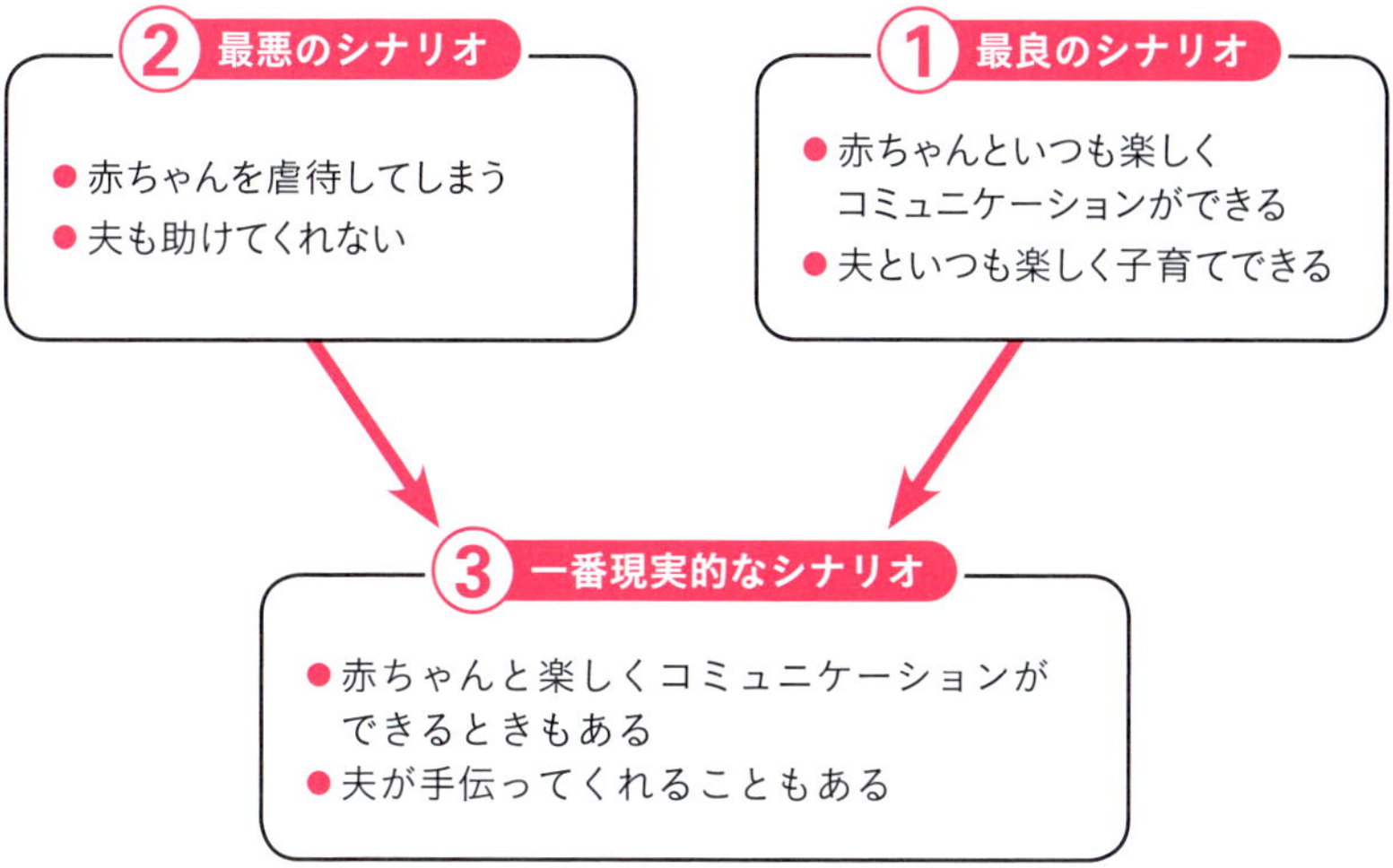
① 最良のシナリオ
●赤ちゃんといつも楽しくコミュニケーションができる
●夫といつも楽しく子育てできる
② 最悪のシナリオ
●赤ちゃんを虐待してしまう
●夫も助けてくれない
③ 一番現実的なシナリオ
●赤ちゃんと楽しくコミュニケーションができるときもある
●夫が手伝ってくれることもある

較的簡単に考えつくことができます。

そのように極端によくない可能性を考えた後に、最高のシナリオを考えてもらいます。

つらいときに、そんなに都合のよいシナリオなんて考えられないかもしれません。でも、実現できそうにない夢のような考えでいいのです。そうした可能性を考えることができれば、気持ちが楽になってきます。最高のシナリオを考えるのが難しければ、「もう少しよい可能性」を考えてもいいでしょう。

こうした**両極端の可能性を考えると、現実的な予測を立てやすくなります**。

「そこまでひどいことはないし、ここまでよいことはないだろう」と両極端を考えたうえで現実的な判断をするというのは、実は私たちが日ごろの生活のなかで、意識せずにしていることです。

ただし、極端な考えになっているときは思考のエラーが起きているため、あえて手動でこのバランスを取るのです。

視点を変えて考えてみる

視点を変えると新しい見方ができる

悩んでいるとき、私たちは頭のなかで、他の人だったらどのように考えるだろうかと自問自答することがよくあります。これも私たちが日常生活で行っている視点を変える工夫で、考えを整理するときに役に立ちます。

それには、**「第三者の立場」に立ってみる方法や「過去（ないしは将来）の自分」になってみる方法があります**。「第三者の立場」に立ってみる方法は、信頼できる人を思い浮かべて、**「あの人なら私に、どのようなアドバイスをしてくれるだろう」**とか**「あの人が自分と同じ状況にいたら、自分はあの人にどのようなアドバイスをするだろうか」**などと考えてみるのです。

視点を変える質問　その①

第三者の立場で自分に質問する

もし他のママが、
赤ちゃんの夜泣きに困っていたら、
あなたなら何と言ってあげますか？

親友に相談したら、
何と言ってくれるだろう？

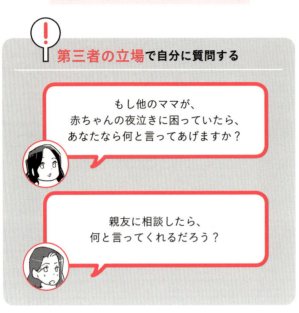

視点を変える質問 その❷

過去や未来から自分に質問する

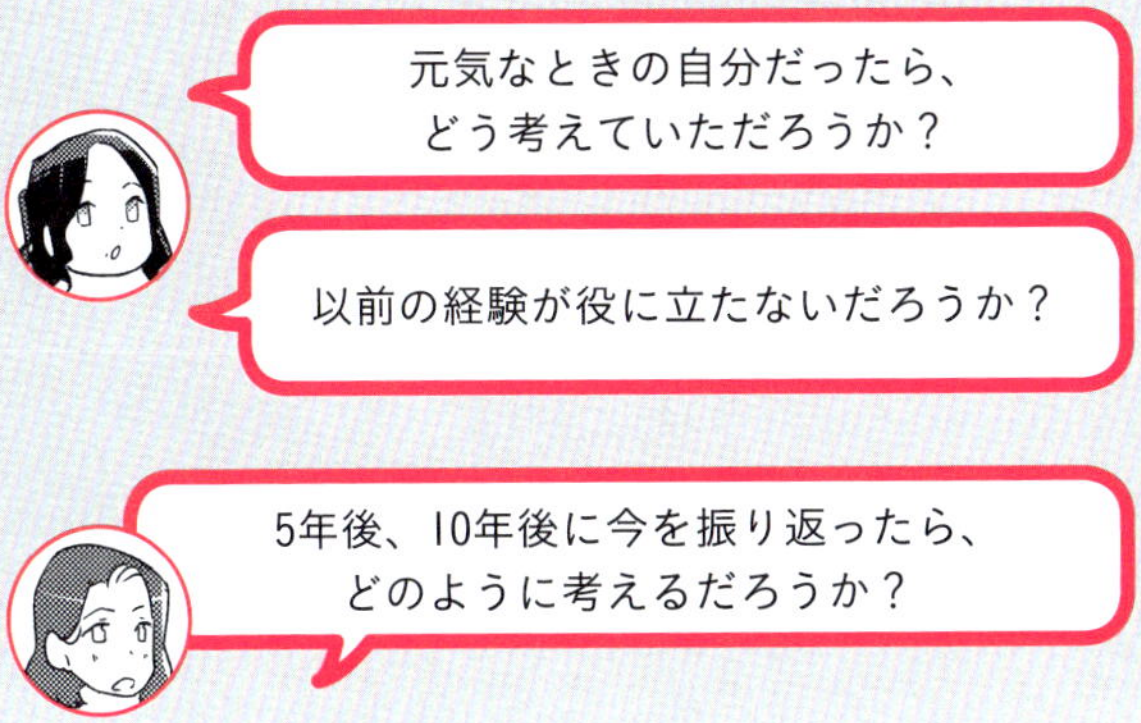

適応的な考え方は？

たとえば、マンガに出てくるゆかりさんの場合であれば、「あの人なら私に、夫に相談してみたら？と言ってくれるかもしれない」とか「もっと他のママと交流できる場を探したほうがいいと言ってくれそうだな」などといった考えが浮かぶ可能性があります。

「過去（ないしは将来）の自分」になってみる方法では、「過去や未来の自分」の立場から声かけをしてみます。

たとえば、こんな質問を自分にしてみます。**「元気なときの自分だったらどう考えていただろうか？」「以前の経験が役に立たないだろうか？」「5年後、10年後に今を振り返ったらどう考えるだろうか？」**と。すると、新しい発想が生まれてくるものです。

他の人には言えても、自分では実行できないこともあります。しかし、それでもいいのです。このように考えること自体が刺激になって、固まっていた思考が柔軟になっていきます。こうした想像をすることで、いろいろな工夫やアイデアを考えられるようになることが大事なのです。

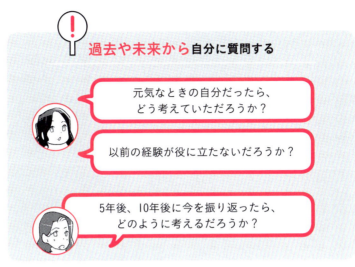

気分の変化をチェックしてみよう

かんたんコラム

1 状況	・赤ちゃんが泣き止まないので、心配でつらくなった
2 自動思考	・私は母親失格だ ・子どもが腹立たしいなんて、私はおかしいんじゃないか？
3 適応的思考	・他の母親はどうしているか、聞いたことがないから、わからない。それなのに母親失格と決めつけるのは行きすぎかもしれない
4 気分の変化	・少し気持ちが軽くなった
5 今後の課題	

気分が楽になっていれば、役立つ考え（適応的思考）が浮かんでいます！

気分が変わらなければ、状況の欄に具体的な出来事を書いているか、再確認しましょう

気分が変わらないときは記入事項を再チェック

コラムに書き出して整理したことで、気分が変わったかどうかをチェックします。

気持ちが楽になっていればそれでいいのですが、変わっていなかったり、逆に気持ちが重くなったりしているときには、記入の仕方に問題がある可能性があります。もう一度、記入した内容を確認してみましょう。

「状況」の欄には、具体的な場面が書き込まれているでしょうか。「自分は何をやってもうまくいかない」などと書かれていれば、それはその人の「考え」であり、具体的な場面ではありません。その「状況」が起きたときを振り返り、「考え」が浮かんだ「場面」をスナップショットの

気分が変わらないときのチェックポイント

1 状況
ひとつの場面を切り取っていますか？

2 自動思考
当然の考えまで変えようとしていませんか？

3 適応的思考
信じられる考えですか？信じられる考えを提案しましょう

4 気分の変化
完全に気分がスッキリするわけではありません。でも、少し楽になります

結果を焦らずに、何度か続けてみることも必要だね

ように思い出してもらいましょう。その後で、そのときの気持ちや行動を思い出すようにしてもらいます。

「状況」の欄が具体的に書かれていないと、そこから情報を集めて新しい機能的な考えを案出することも、新しい考えの妥当性を現実場面で検証することもできなくなります。最初はコラムに自由に書き込んでもらっていいのですが、書き込んでも気持ちが楽にならないときには、「状況」の欄に戻り、この点をチェックしましょう。

もう1つ、**感じて当然の気持ちまで抑えつけようとしていないか、という点にも気をつけてください**。失敗して落ち込んだり、ひどいことをされて腹が立つのは当然のことです。そうした気持ちまで抑えようとしないことが大切です。そこで気持ちを抑え込んでしまうと、「どうせ何をやってもダメだ」と考えて自ら扉を閉ざすようになります。

問題解決を妨げている考えや行動に目を向けながら、相談者が困りごとを解決し、期待する現実に近づく力が育つように手助けする、それが認知行動療法です。

先に進むための工夫を書き出す

ポジティブ感情はアクセル
ネガティブ感情はブレーキ

「ポジティブ感情は行動のアクセルになる」ということを念頭に、「今後の課題」の欄には、次に進もうという気持ちになれる考えを書き込むとよい。

期待する現実に少しでも近づく

気分が少し楽になったら、自分が期待する現実に少しでも近づく工夫を書き込むようにします。

うつや不安、怒りなどネガティブな感情が強いときには先に進む元気が湧いてきません。

すでに説明したように、**ネガティブ感情はアラームです**。何か危険が近づいているということを知らせる働きをしています。私たちは、そうしたアラームに反応して、こころのブレーキを踏みます。そのために、先に進めなくなるのです。

一方で、**ポジティブな感情はアクセルの役割を果たします**。楽しくなったり、うれしくなったり、やりがいを感じ

かんたんコラム

1 状況	・赤ちゃんが泣き止まないので、心配でつらくなった
2 自動思考	・私は母親失格だ ・子どもが腹立たしいなんて、私はおかしいんじゃないか？
3 適応的思考	・他の母親はどうしているか、聞いたことがないから、わからない。それなのに母親失格と決めつけるのは行きすぎかもしれない
4 気分の変化	・少し気持ちが軽くなった
5 今後の課題	・1人で抱え込んでいるとネガティブに考えてしまいがちだ。夫がいるときには、話を聞いてもらおう ・保健師さんにも相談してみよう

適度な「今後の課題」が見つかると、気分は前向きになります

たりすると、またそのことをしてみたいという意欲が湧いてきます。

そうした気持ちになれる具体的な行動を増やすのが、次章で紹介する行動活性化ですが、考えを変えることで、行動するための意欲を引き出すこともできます。

本章で紹介している「かんたんコラム」などを使った認知再構成法は、考えに目を向け、気持ちが軽くなるような考えに切り替えることで、次に進もうという気持ちにさせるアプローチです。それは、言ってみれば、**認知に働きかけることで行動への意欲を高める方法**とも言えます。

ですから、最後の欄には、**認知再構成法の仕上げとして、今後の工夫につながるような新しい考えを書き込むようにします**。

それは必ずしもすべてがよい方向に進むという極端なポジティブ思考ではなく、現実に目を向けながら着実に先に進んでいけるような思考です。

思考に影響する「スキーマ」に気づく

スキーマを見つけるチェック

① 自分

自分を信じることができないパターン

〈例〉ダメ人間だ

② 周囲との関係

周囲の人たちを簡単には信じられないパターン

〈例〉人は信用できない

③ 将来

将来を悲観的に考えやすいパターン

〈例〉何をしてもうまくいかない

とっさの判断はスキーマの影響を受けている

自動思考を振り返ってみると、そのなかに共通するパターンが存在していることに気づきます。

私たちは**誰もが独自の信念や考え方のパターンを持っていて、それが自動思考、つまりとっさの判断に影響を与えています**。こうした独自の思考パターンを専門的にはスキーマと呼びます。スキーマにはネガティブなものだけでなくポジティブなものもあります。

スキーマは、「否定的認知の3徴」（66ページ）で紹介した、**自分自身、周囲との関係、将来の3領域で考えてみるとわかりやすいでしょう**。自分を信じることができないパターン、周囲の人たちを簡単には信じられないパターン、

スキーマの両面性

ポジティブな面		ネガティブな面
先を読むことができる	↔	悲観的
思慮深い	↔	考えすぎ
ミスが少ない	↔	完璧主義
行動が速い	↔	せっかち
細やかに配慮できる	↔	神経質
慎重になる	↔	自信がない
大らか	↔	大雑把

将来を悲観的に考えやすいパターンなど、それぞれの人がいくつかの特徴的なパターンを持っています。こうしたスキーマがわかっていると、つらくなったときに、考えすぎていないかどうかを、自分でチェックしやすくなります。

しかし、こうしたパターンを支援者が一方的に指摘すると、相談者は「自分の考え方が悪いから悩むことになったのだ」と考えて、自分を責めるようになる可能性があります。ですから、支援者は焦らずに、**相談者が自分で自分の特徴に気づけるように手助けしていきます**。

逆に、ネガティブに思えるスキーマが役に立つこともある、という点も意識しておきましょう。

たとえば、自信のなさは慎重さにつながりますし、神経質は細やかさにつながります。マンガに出てくるゆかりさんのように心配性な性格も、夫に対して細やかな気遣いができる、というよい面としてすでに働いていました。そうした視点から、相談者のスキーマを生かせるように接することで、支援力が高まります。

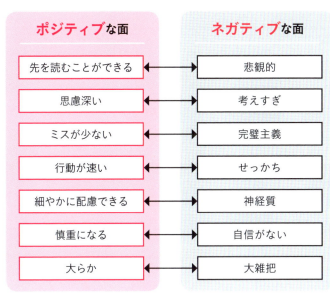

私だけじゃなかった！

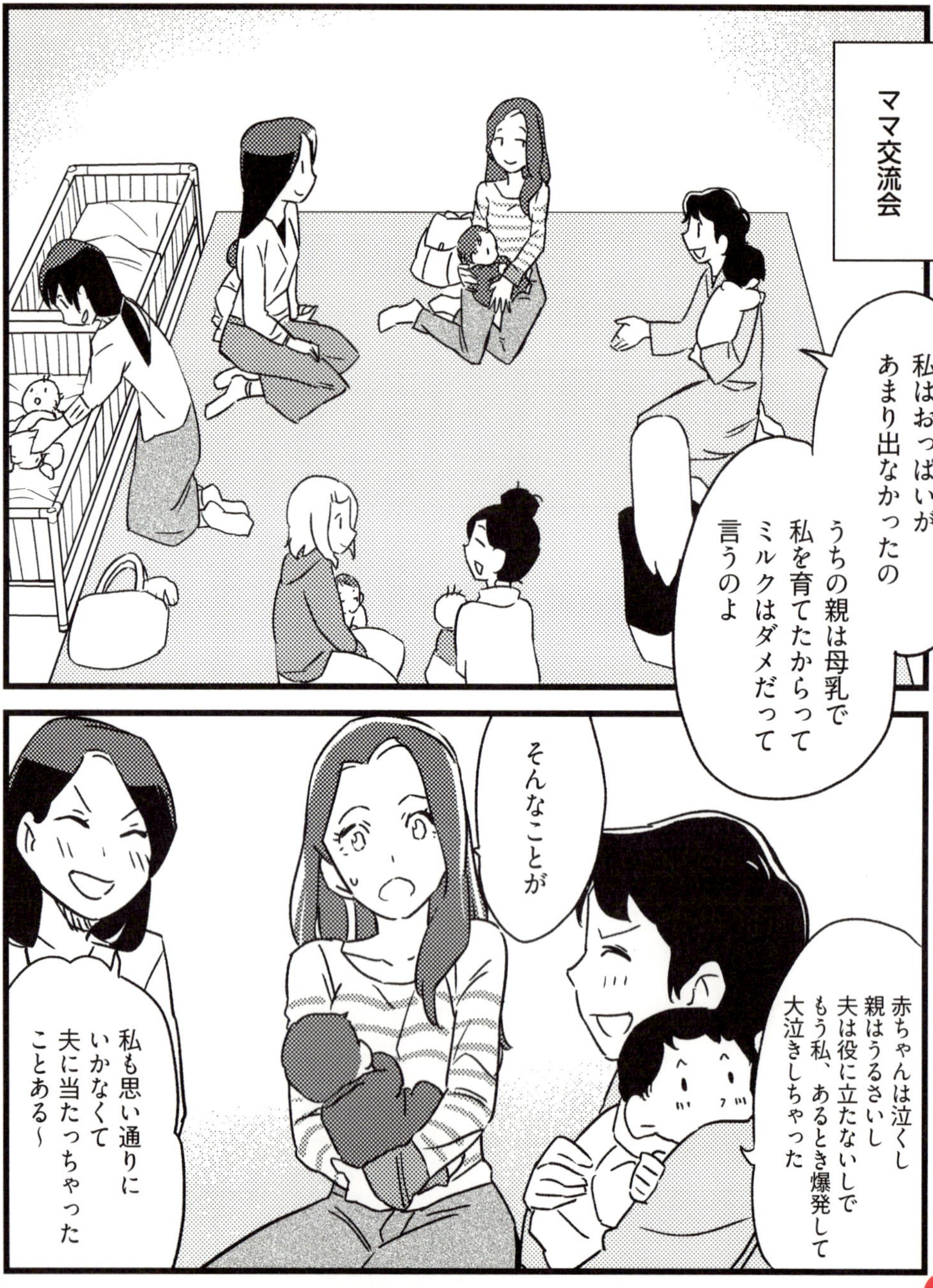
ママ交流会
私はおっぱいが あまり出なかったの
うちの親は母乳で 私を育てたからって ミルクはダメだって 言うのよ
赤ちゃんは泣くし 親はうるさいし 夫は役に立たないしで もう私、あるとき爆発して 大泣きしちゃった
そんなことが
私も思い通りに いかなくて 夫に当たっちゃった ことある～

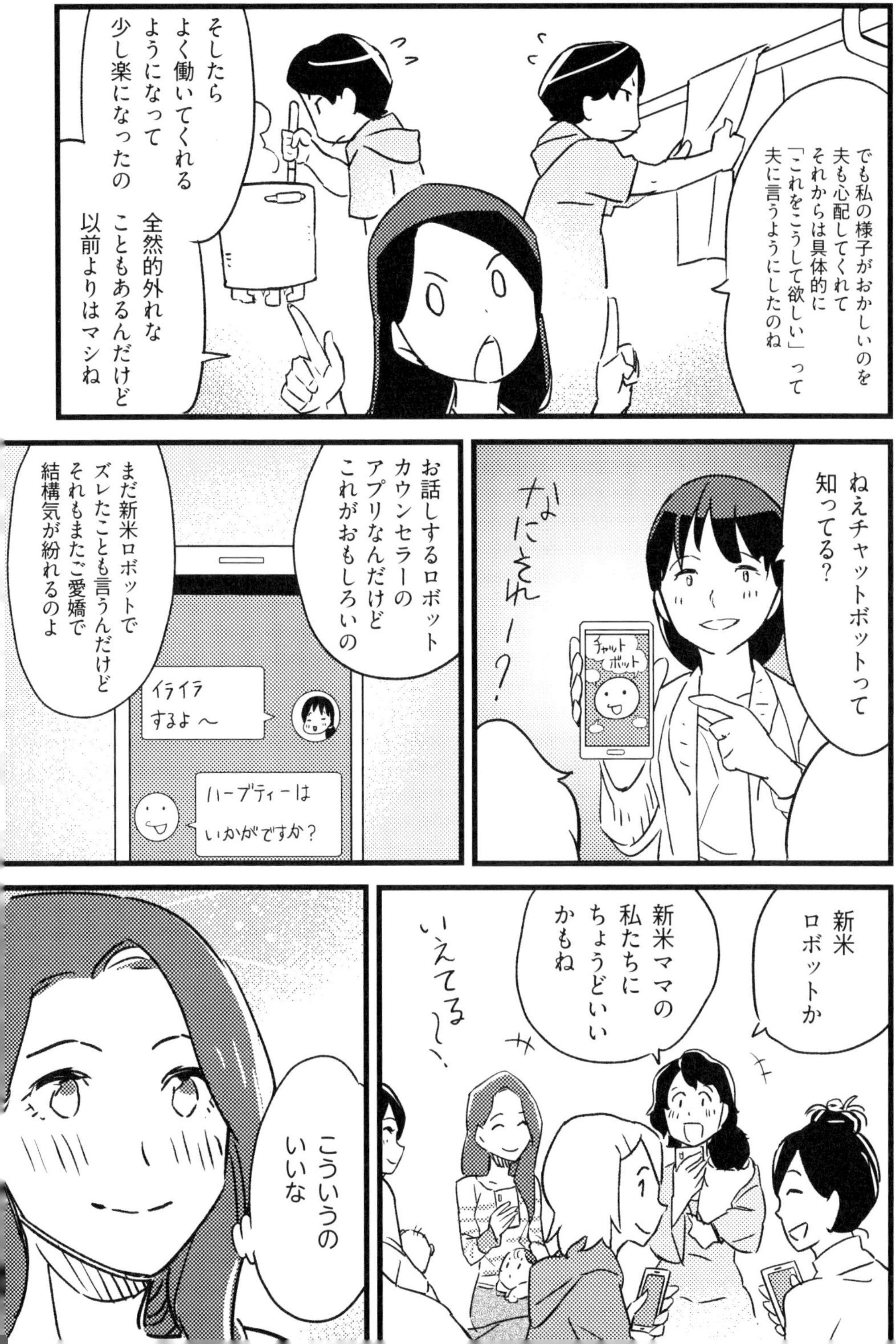
でも私の様子がおかしいのを
夫も心配してくれて
それからは具体的に
「これをこうして欲しい」って
夫に言うようにしたのね
そしたら
よく働いてくれる
ようになって
少し楽になったの
全然的外れな
こともあるんだけど
以前よりはマシね
ねえチャットボットって
知ってる?
なにそれーー?
チャット
ボット
お話しするロボット
カウンセラーの
アプリなんだけど
これがおもしろいの
イライラ
するよ～
ハーブティーは
いかがですか?
まだ新米ロボットで
ズレたことも言うんだけど
それもまたご愛嬌で
結構気が紛れるのよ
新米
ロボットか
新米ママの
私たちに
ちょうどいい
かもね
いえてる～
こういうの
いいな

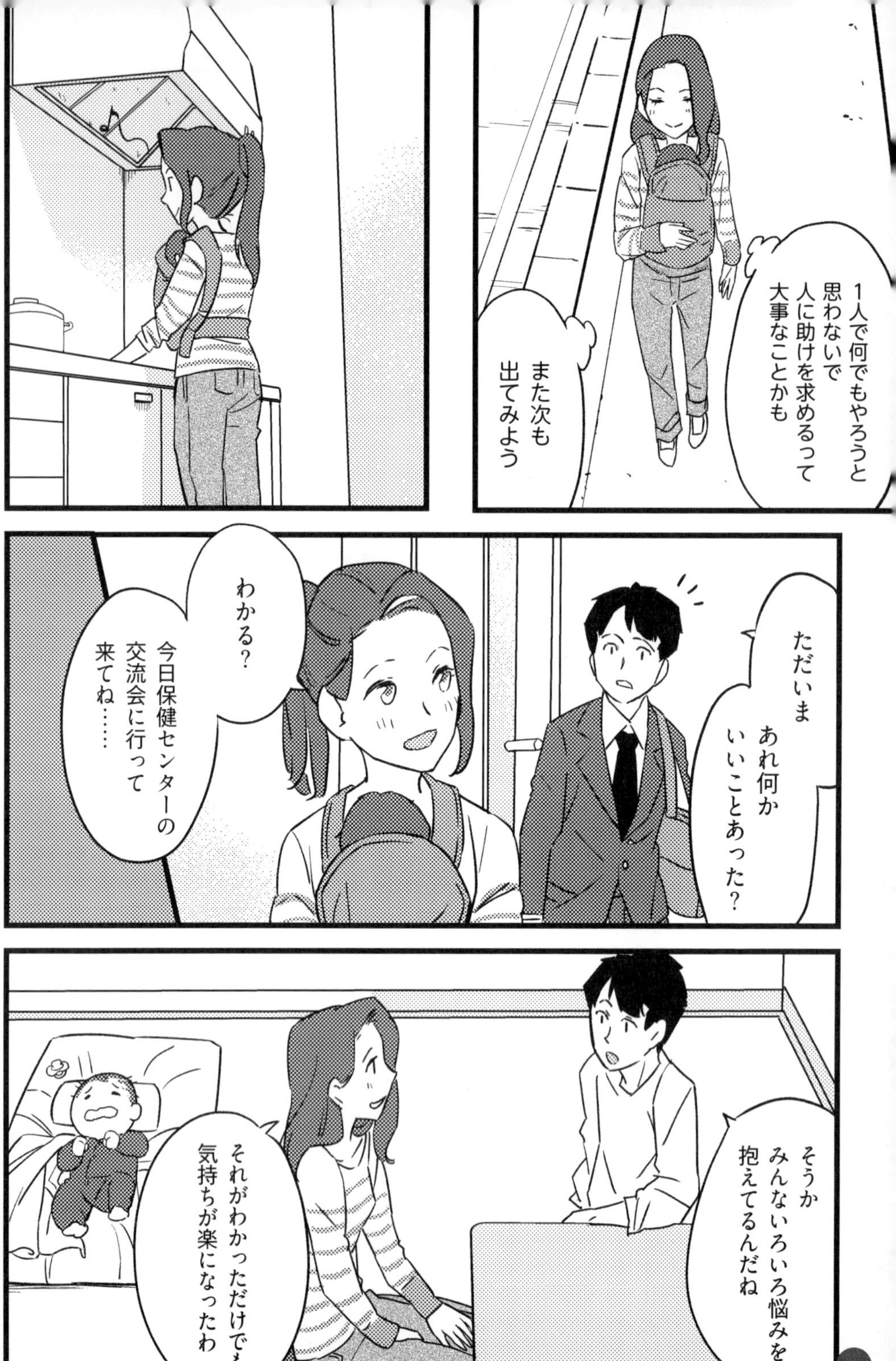
1人で何でもやろうと思わないで人に助けを求めるって大事なことかも
また次も出てみよう
ただいま
あれ何か
いいことあった?
わかる?
今日保健センターの交流会に行って来てね……
そうか
みんないろいろ悩みを抱えてるんだね
それがわかっただけでも気持ちが楽になったわ

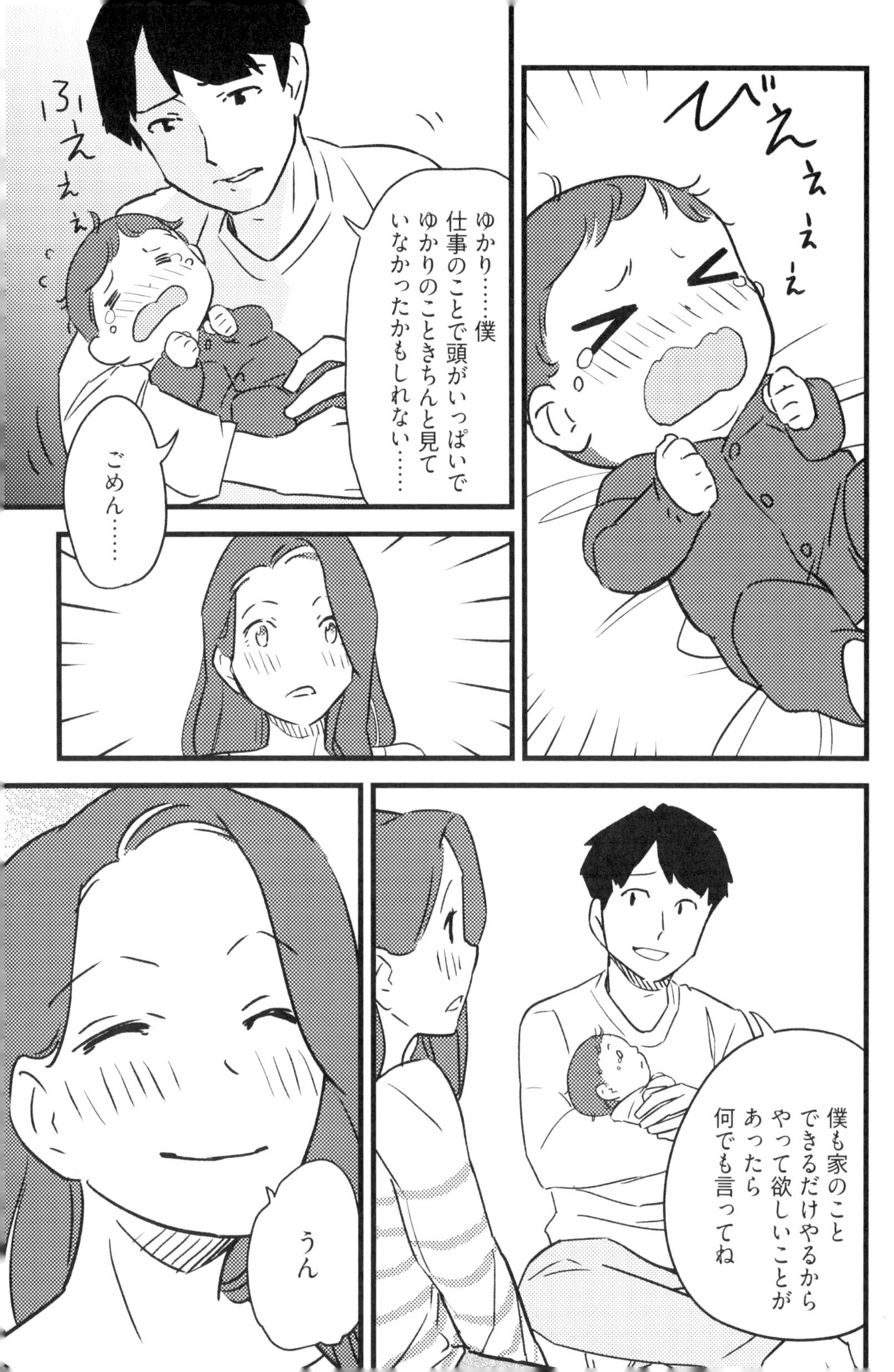
びえぇぇぇ
ふえぇぇ
ゆかり……僕
仕事のことで頭がいっぱいで
ゆかりのこときちんと見ていなかったかもしれない……
ごめん……
僕も家のこと
できるだけやるから
やって欲しいことが
あったら
何でも言ってね
うん

COLUMN2

周産期うつの支援

妊娠や出産は大きな喜びですが、出産を経験した女性の3〜6%が妊娠中から産後数か月の間に抑うつエピソードを体験するとされています。それには、妊娠や出産に伴うホルモンの急激な変動や体型の変化、女性の家庭内の人間関係や役割の変化、子育てに関する心理社会的なストレスなど、さまざまな要因が複合的に関係していると考えられます。

以前は、こうした精神的変調は出産に伴って起きると考えられていて、「産後うつ（病）」と呼ばれていました。しかし近年、産後の抑うつエピソードの半数がすでに出産前に発症していることがわかり、「周産期うつ（病）」と呼ばれるようになりました。

こうした女性の精神状態の変化は、生まれてきた子どもとの関係や子育てに影響する可能性があるだけでなく、女性自身が精神的変調のために自らを傷つけたり命を絶ったりする可能性もあることから、地域の精神保健活動の重要な課題になっています。

わが国では、近年、地域保健活動のなかでEPDS（エジンバラ産後うつ病自己評価票）などを用いて出産後の女性の精神的変調を早期に把握して支援をする試みが行われ、そのなかで認知行動療法を用いたアプローチも活用されるようになっています。なお、これまでの研究からは、EPDSでうつ病の可能性があると判断された女性のうち、半数はうつ病以外の精神的変調であることが明らかになっています。ですから、きちんとした精神医学的な評価を行い、母親と赤ん坊との関係、そして夫や他の家族との関係などを総合的に評価して、支援を行うことが必要です。

第3章

行動を振り返る
～行動活性化～

仕事内容や職場環境の変化により、休日も外に出る気が起きないほど疲れていると話す会社員の斉藤和也。産業保健師のゆきは、行動を通してやる気や元気を取り戻す「行動活性化」を試してみるように勧めるが、結果はいかに？

仕事で悩んでしまった会社員

疲れが取れないと仕事も思うように進まないのではないでしょうか
はい、なかなか集中できなくて
上司に相談して少し仕事の量を調整してもらったんですが……
上司に相談されたのはよかったですね
ええ、弱音を吐くようでイヤだったんですがこのままだとまずいと思って思い切って話してみたんです
そうしたら上司も心配してくれていたようで一部の仕事を他の人に振り分けてくれたんです
それはよかったです！

それで少しは気が楽になりました？
はい 少し肩の荷が下りたような気がします
……でも 週末はまだ体が重くて動く気になれないんです
1人で家にいると気が滅入ってきますし
月曜日もその気分を引きずって朝会社に行くのがやっとという感じです
それでなくても月曜日の朝は体が重いですからね
週末はどのように過ごされていたんですか？

これまでは妻の買い物に付き合って散歩がてら出かけたりしていたんですが
体調が思わしくなくなってからは家で1人残っているようになりました
できるだけ体を休めないといけないと考えて……
体を休めるのは大事ですがそれで休まっていますか?
いえ……不思議なんですけどかえって疲れるような気がするんです
体がつらい
自分はおかしいのではないか…
仕事…
この先の不安…
1人で家にいるといろいろ考え込んでしまってそれ自体がストレスになるようで……
!
たしかに何もしないで閉じこもっていると気分が塞ぎ込みがちになる人は多いんです

そうか 妻と出かけていたときには歩くことが気分転換になっていたかも
体を動かすことが気分転換になってストレスが和らぐんです
それに、うつを和らげる効果があることもわかっています
ストレス
ストレス
あれ?
軽くなった?
そうですか…… 今度の週末、妻について出かけてみようかな……
でも疲れると元も子もないし……
それは心配ですね
でも疲れたらやめればいいんですよ!
まずは試しにやってみましょう
そうですね ちょっとトライしてみます

後日の面談にて
週末のトライ
どうでしたか？
ええ
妻と歩いているうちに
体の重さが消えて
いきました
体を動かしている
おかげなのかも
しれませんが
妻と話すことで
気持ちが楽に
なった気がします
……ホッコリとでも
言うのでしょうか
ホッコリですか
よかったですね！

落ち込んでいるときって最初から「どうせ何をやってもダメだ」と決めつけて諦めることが多いのですがそれだと変わっていけません
散歩
運動
趣味
飲み会
ムリムリ
何もしないから結局変わらないいんです
何も変わらない…
「自分で実現する予言」といわれる現象がそれで自分で悪い予測をしたために行動ができず
結局そのよくない予測を実現してしまう悪循環になることがよくあります
どうせ変わらない…
予言
やっぱり変わらなかった〜い
実現
自分で実現する予言か……

はい
その悪循環を斉藤さんは
ご自分で打ち破られた
よかったですね
そうかなぁ……
それと実は
妻がトレーニングジムに
一緒に入会しないかと
誘ってくれたんです
会社の保健師さんから
運動がこころの健康に役立つって
聞いたって話をしたら……
スポーツジム
素敵です！
ぜひやってください
はい
そうしようかなと
考えています

体からこころにアプローチする 行動活性化とは？

問題解決の前に気分を変える

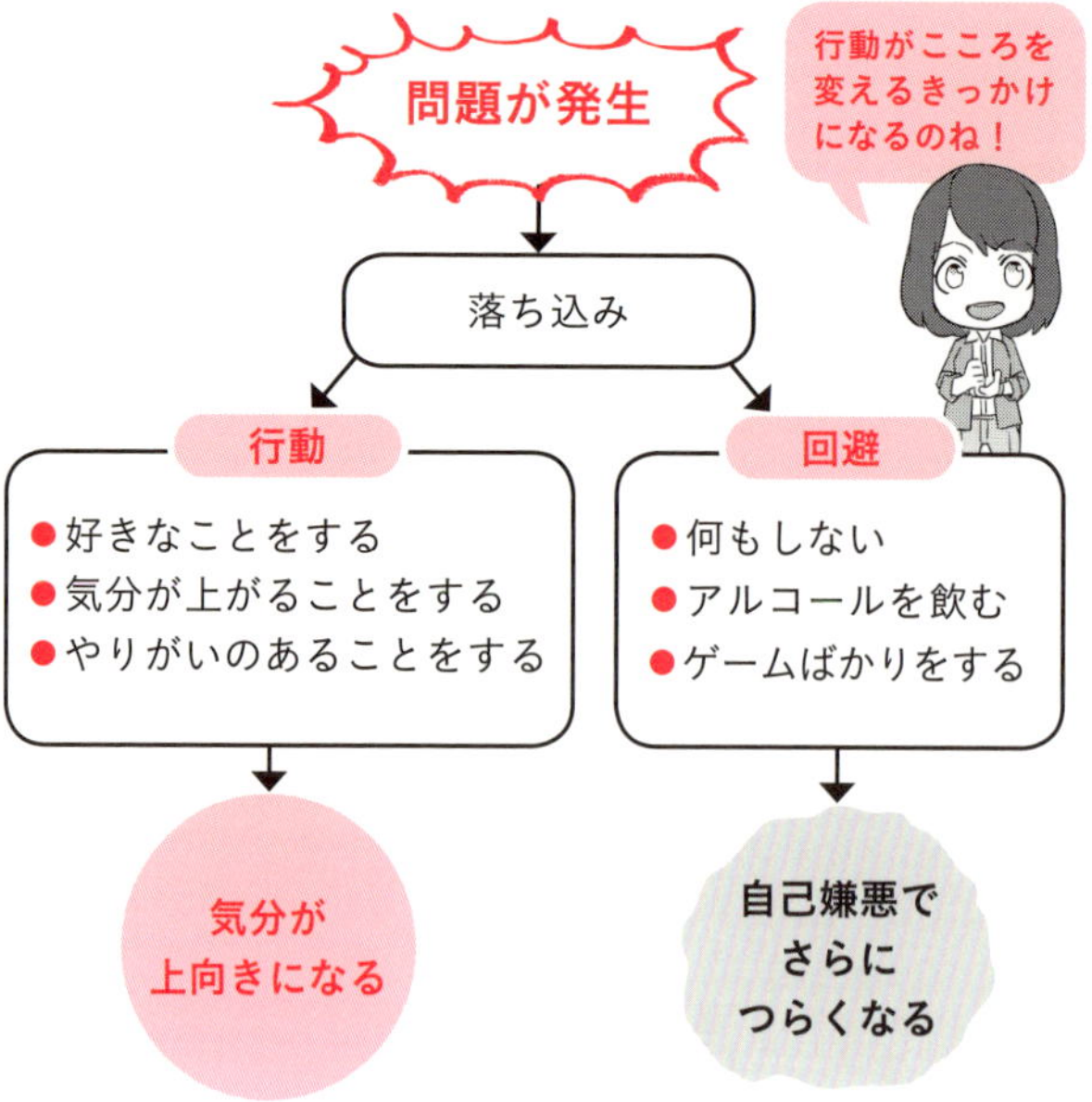

行動を通してこころを元気にする

気分が晴れないときには、行動をするのがおっくうになって、つい閉じこもりがちになります。自信がもてず、いろいろなことに挑戦する気力も湧いてきません。だからといって、静かにしていて気持ちが楽になるかというと決してそんなことはありません。

あれこれ悲観的なことを考えて気持ちは沈んでいきます。何もできていない自分が情けなく思えて、ますます気分が塞ぎこんでいきます。こうして、つらい気持ちが続いていくのです。マンガでも斉藤さんは体を休めようと考えて休日に家にいた結果、かえって疲れてしまいました。

こうしたときには、可能な範囲で好きなことをしたり、

外（体）から内（こころ）へのアプローチ

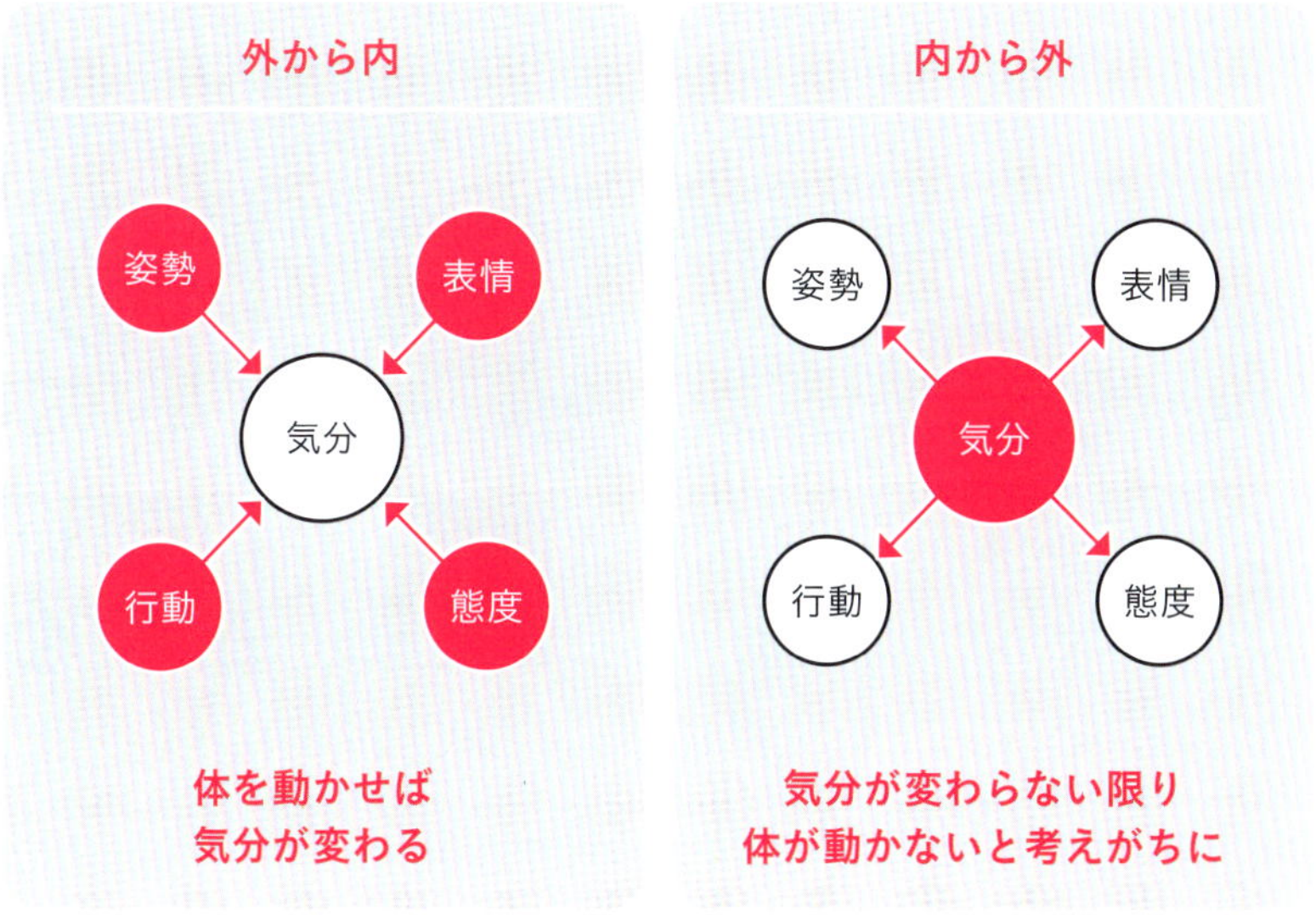
外から内
姿勢
表情
気分
行動
態度
体を動かせば
気分が変わる
内から外
姿勢
表情
気分
行動
態度
気分が変わらない限り
体が動かないと考えがちに

体を動かしたり、友達と話したりすることが役に立ちます。**私たちのやる気は、楽しいことややりがいのあることをして脳の報酬系を刺激することで生まれてきます**。無理は避けなくてはなりませんが、少しでも楽しみややりがいを感じられれば、「もう少し何かをやってみよう」という気力が湧いてきます。

このように、**楽しい行動ややりがいのある行動をしてこころを元気にする方法を「行動活性化」**といいます。これは「外から内へ」と働きかけるアプローチです。ここで「内」というのは「こころ」、「外」というのは「体」です。

私たちは「こころが元気だから体が動くのだ」と、「内から外へ」という発想をしがちで、気分が沈むと、「元気がないから何もできない」と考えます。

しかし、やる気や意欲は、行動を通してやりがいや楽しみを経験してはじめて生まれてきます。ですから、相談者にも、可能な範囲で行動するように勧めてみてください。

こころが軽くなる行動を見つける

日々の行動を振り返ってみよう

1日でどのような行動をしていましたか？

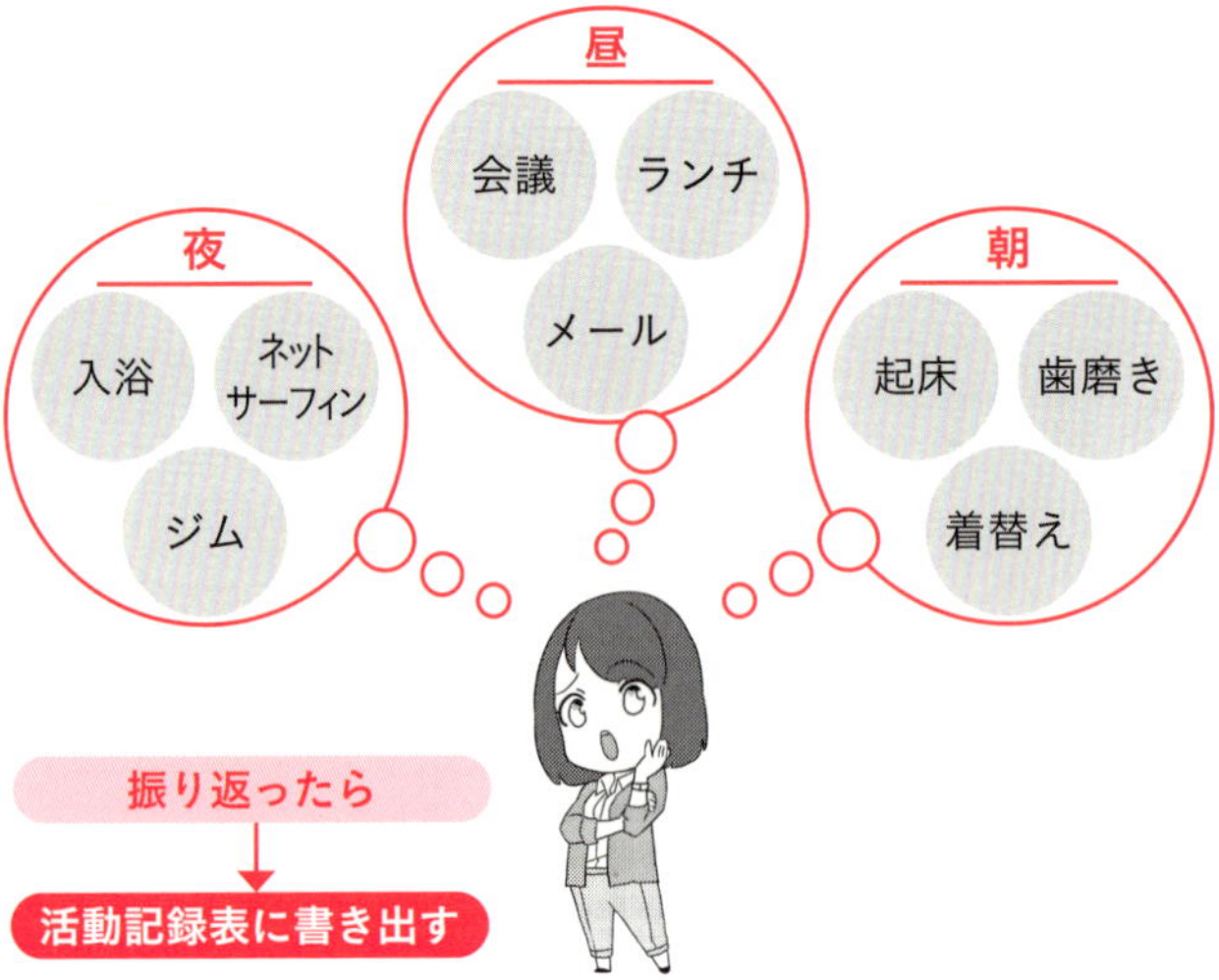

セルフモニタリングで行動と気分の関係に気づく

落ち込んでいる人は「どうせ何をやっても変わらない」と考えていることがよくあります。行動していないから変わりようがないのに、「変わらない」と決めつけているのです。それではますます意欲が失われてきます。

そのようなとき、認知行動療法ではまず、**最近の行動を振り返るように勧めて、行動によって気持ちが変化していることに気づけるように手助け**します。私たちは、ほとんど意識しないまま行動しているので、それをあえて意識することで行動と気分の関係に気づけるようにするのです。

そうはいっても、ただ最近の行動を思い出してもらうだけではうまくいきません。私たちは、ほとんど意識しない

行動と気持ちの関係に気づこう

分類してみよう！

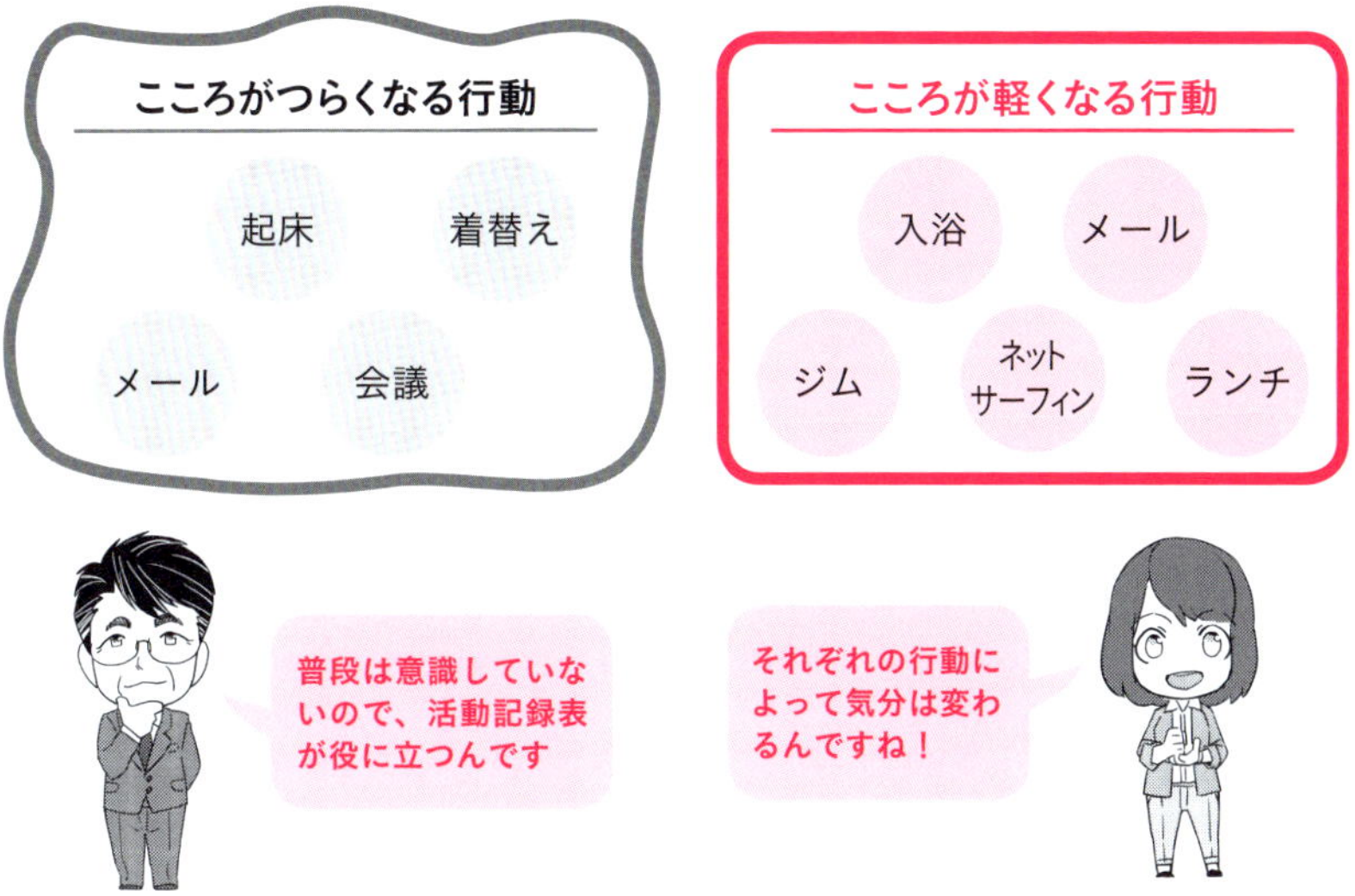
こころがつらくなる行動
起床
着替え
メール
会議
こころが軽くなる行動
入浴
メール
ジム
ネットサーフィン
ランチ
普段は意識していないので、活動記録表が役に立つんです
それぞれの行動によって気分は変わるんですね！

まま行動しているのでなかなか思い出せません。

そのようなときには、次ページにある**活動記録表を使って行動と気分をモニタリングすることが役に立ちます**。活動記録表には、時間ごとに「何をしたか」を書き込むと同時に、そのときに感じた楽しみや達成感の程度を、たとえば点数（0〜10）で書き込みます。そのように評価することで、何をすれば気持ちが楽になるか、何をするとつらくなるのか、わかってきます。

記入する際は、その活動をしてからできるだけ時間をおかないようにしましょう。時間がたってしまうとその後の気持ちに引きずられ、行動したときに感じた気持ちが不正確になる可能性があります。

忙しかったり、体調がすぐれなかったりして細かく記入するのが難しいときは、気持ちが変化したいくつかの行動を記入し、こころが軽くなった行動には○、変わらないときは△、つらくなった行動には×をつけるだけでもかまいません。本人の負担にならないよう注意が必要です。

活動記録表（記入例）

例）斉藤さんの週間活動記録表
各欄に「活動」を書き、その気分（やりがい・楽しみ）の程度を
「点数」で書き込みましょう（0〜10）

時間	月曜日	火曜日	水曜日	木曜日	金曜日	土曜日	日曜日
6:00〜7:00	起床・着替え 3						
7:00〜8:00	朝食 5						
8:00〜9:00	通勤 5						
9:00〜10:00	デスクワーク 4					起床 3	
10:00〜11:00	↓ 5					朝食 3	
11:00〜12:00	会議 3					妻と散歩 6	
12:00〜13:00	ランチ 7					↓	
13:00〜14:00	デスクワーク 6					昼食 4	
14:00〜15:00	会議 4					テレビ 4	
15:00〜16:00	デスクワーク 5					↓ 3	
16:00〜17:00	↓ 6					↓ 3	
17:00〜18:00	↓ 4					↓ 2	
18:00〜19:00	帰宅・夕食の準備 5					↓ 1	
19:00〜20:00	夕食 7					夕食 3	
20:00〜21:00	妻と会話 7					妻と会話 5	
21:00〜22:00	テレビ 5					テレビ 3	
22:00〜23:00	入浴 7					↓ 2	
23:00〜24:00	就寝 6					就寝 2	

点数をつけると何をすれば気持ちが楽になるかわかるね！

活動記録表 記入シート

時間	月曜日	火曜日	水曜日	木曜日	金曜日	土曜日	日曜日
6:00〜7:00							
7:00〜8:00							
8:00〜9:00							
9:00〜10:00							
10:00〜11:00							
11:00〜12:00							
12:00〜13:00							
13:00〜14:00							
14:00〜15:00							
15:00〜16:00							
16:00〜17:00							
17:00〜18:00							
18:00〜19:00							
19:00〜20:00							
20:00〜21:00							
21:00〜22:00							
22:00〜23:00							
23:00〜24:00							

行動活性化
［計画❶］

健康行動を増やしていこう

気持ちを楽にする行動を増やすとこころが軽くなっていく

活動を記入したあとは、内容を振り返って、どのような活動をすれば気分がよくなり、どのような活動をしているときに気分が落ち込んだかを確認します。そして、その結果を見ながら、**楽しい気持ちになったり、やりがいを感じたりする活動を増やすように行動計画を立てていきます**。

このとき、考え込んだり気分が落ち込んだりするようなよくない活動を減らすように助言するのではなく、楽しめる活動ややりがいのある活動を増やすように勧めてください。よくない活動を減らすように言われても、そうした活動をやめるのはそう簡単ではありません。逆に、やりたい気持ちを強めて刺激してしまうことさえあります。

落ち込んでいるときの状態

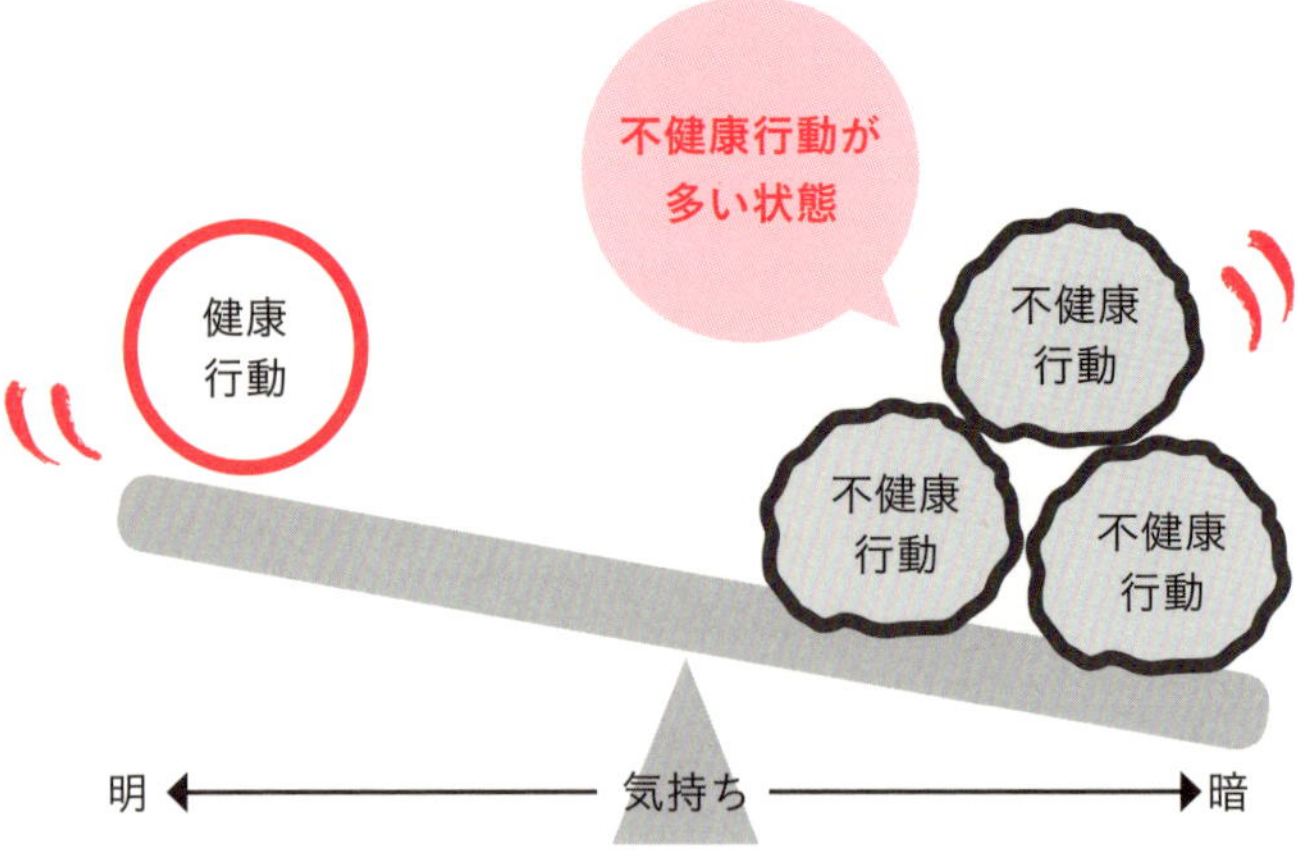

健康行動を増やそう

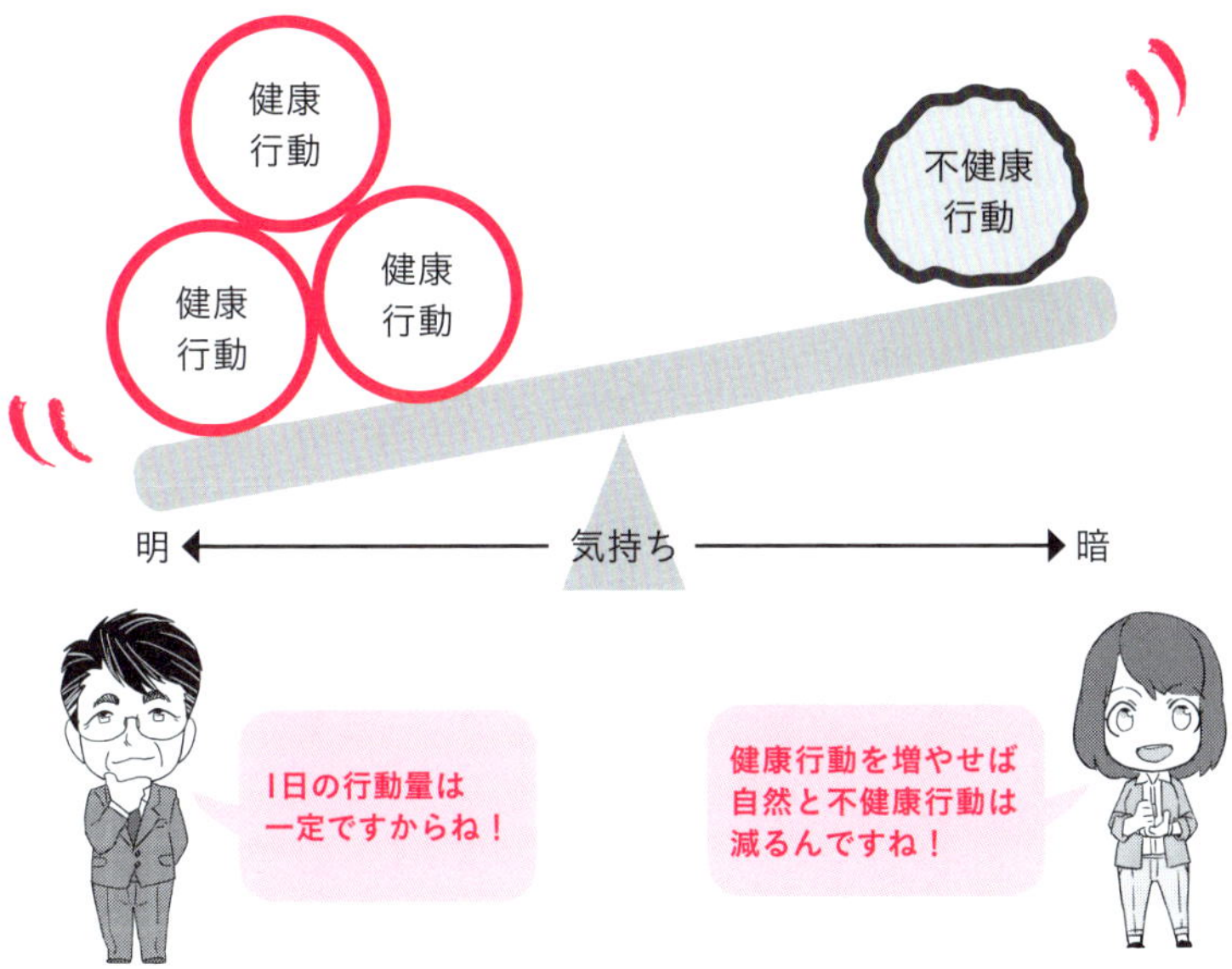
健康行動
健康行動
健康行動
不健康行動
明
気持ち
暗
1日の行動量は一定ですからね！
健康行動を増やせば自然と不健康行動は減るんですね！

私たちの1日の活動量はだいたい決まっているので、**楽しみや喜び、やりがいを感じる健康的な活動を増やせば、考え込んだり落ち込んだりするような好ましくない活動は自然に減っていきます**。

こうして、健康的な行動が徐々に増えていくと、相談者の活動の幅が広がっていくだけでなく、こころも軽くなっていきます。

ただし、**楽しいだけの行動をするのは逆効果のことがあるので注意が必要**です。たとえば、つらいからといってアルコールに逃げたり、ネットサーフィンにふけったりすると、そのときだけは気持ちが楽になります。しかし、その結果、しなくてはならない仕事や勉強が進まず、「何もできない」自分を責めることになってしまいます。

もちろん、気分転換に少しだけこうしたことをするのはよいのですが、現実逃避になってしまうとかえって自分を追い込むことになるので注意が必要です。

行動活性化
［計画❷］

健康行動が浮かばないときは？

今までにやったことのある行動だけでなくやったことのない行動からも選ぶ

「活動記録表をつけても、気持ちが楽になる行動が思い浮かばない……」

そのような人がいるかもしれません。そうしたときは、**過去にやってみて楽しかった行動ややりがいを感じた行動をリストアップしてもらい、そのなかから選んでもらう**とよいでしょう。

カフェで友達とおしゃべりをする、趣味の活動をする、ジョギングして体を動かすなど、過去に気分転換になった行動を思い出してもらいます。

旅行が好きな人は、旅行に行くのもいいでしょう。旅行に行くのが難しければ、友達と旅行の話をしたり、次に行きたい旅行先について調べたりするだけでも、ワクワクした気分になって、気持ちが軽くなることがあります。

ぼーっと空を眺めたり、好きな入浴剤を入れたお風呂につかったりなど、**何もしないことが気分転換になる**こともあります。悩んでいる人は、考えすぎたり動きすぎたりして疲れてしまっていることがよくあります。そうしたときには、“何もしない活動”が役に立ちます。

今の暗い気分とは逆の活動をするのもひとつです。明るい色の服を着る、鼻歌を歌う、スキップをするなどです。道端の花の香りをかいだりマッサージを受けたりするなど、五感に働きかける行動も効果的です。

一方、**今までしたことはないがやってみたいと考えていることを試してもらってもいいでしょう**。

健康行動が浮かばないときは…

今までやったことのある行動	何かをする	・気分転換（漫画を読む、いつもと違う道を通る） ・息抜き（カフェに行く） ・買い物（洋服を買う） ・整理整頓（カバンのなかを整理する） ・自分の家、部屋を飾る（花を生ける） ・先延ばしにしていたことを片づける（メールに返事をする） ・手作業（手芸をする）、芸術（絵を描く） ・遊び（キャッチボールをする） ・生き物を飼う、育てる（植物の水やり）
	何もしない	・何もしない（ぼーっと空を眺める） ・何か遊び心のあること（「〜が楽しかった」を言い合う） ・リラックスできること（ゆっくり風呂に入る、入浴剤を入れる、お香をたく）
	五感を使う	・嗅覚（香水を変える、海辺で潮の香りをかぐ） ・味覚（食べたことがない高価なチョコレートを食べる） ・触覚（マッサージを受ける、クレヨンで絵を描く） ・聴覚（落語のCDを聴く、母に電話して声を聴く） ・視覚（昔の写真を眺める、流れ星を探す）
暗い気分とは逆の行動		・持っているなかで一番明るい服を着る ・鼻歌を歌う ・スキップする ・家族と行ってみたかったレストランを予約する

計画を1つひとつ実践してみよう

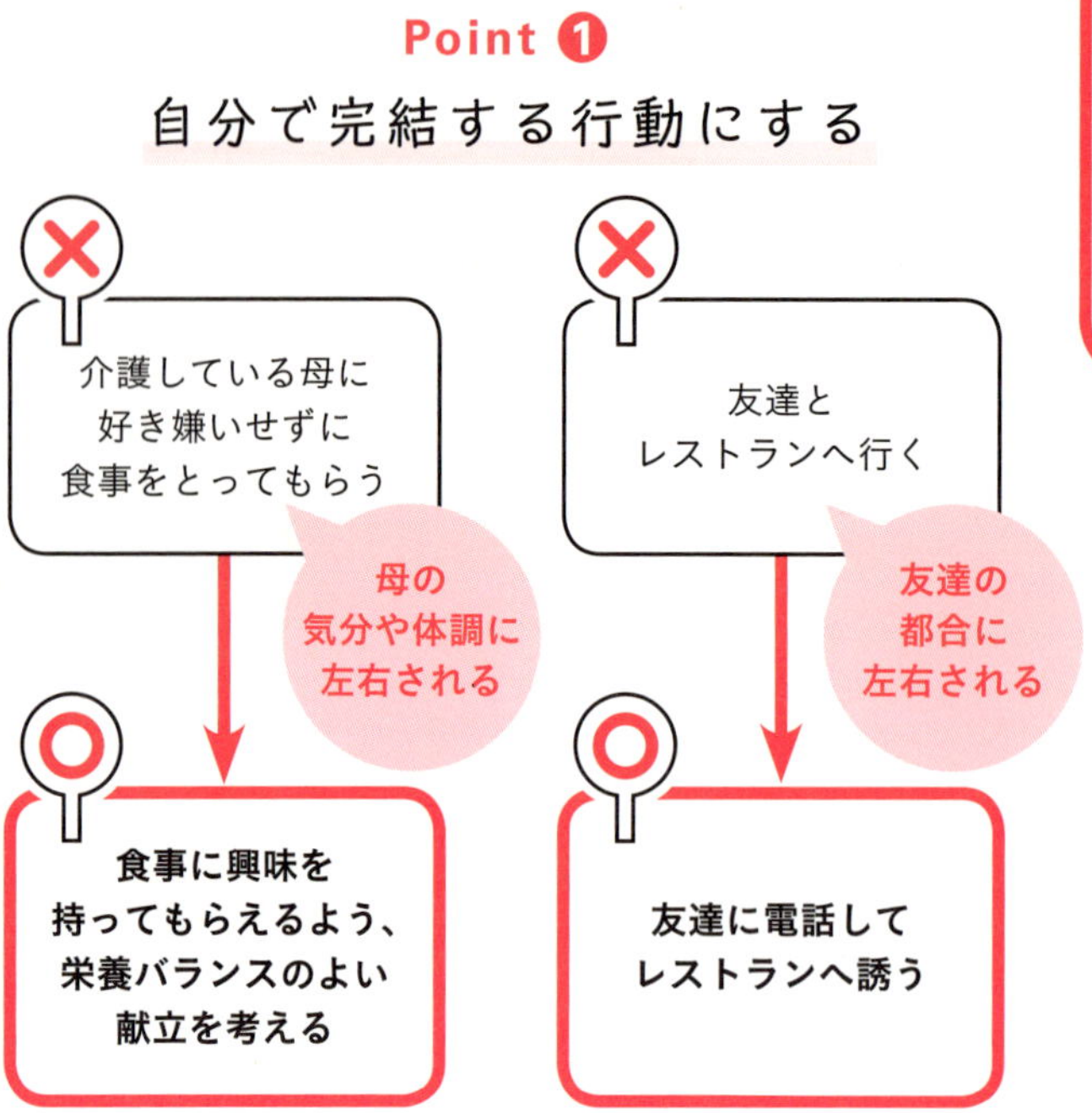
Point ❶
自分で完結する行動にする
×
介護している母に
好き嫌いせずに
食事をとってもらう
母の
気分や体調に
左右される
○
食事に興味を
持ってもらえるよう、
栄養バランスのよい
献立を考える
×
友達と
レストランへ行く
友達の
都合に
左右される
○
友達に電話して
レストランへ誘う

相談者自身が実践できる活動を選ぶ

具体的な行動計画を立てるときのポイントですが、まず第一に、**自分だけで完結できる行動から始めてもらいます**。「友達とお茶をする」と「友達をお茶に誘う」では、「友達とお茶をする」というほうがずっと難しいのです。

なぜなら「友達とお茶をする」計画は、友達が忙しいと実現できません。他の人の都合によって結果が左右されるからです。一方、「友達をお茶に誘う」計画だと、メールや電話を使って自分が連絡するだけですから、他の人に左右されません。最初は、このように自分だけで完結できる、成果が出る活動から始めてもらうようにします。

私たちは、他の人の考えや都合によって左右されること

Point ❷
大きな活動は小さな活動に細分化する

大
- 家を片づける

最初はできそうにないが…

中
- 片づけたいもののリストを作る
- 片づけるものを決める
- 洋服を片づける

できる気がしてくる

小
- 分類する袋を用意する
- 仕分け用のスペースを作る
- いるものと捨てるものに分ける

できそう！

段階をふんでいくとやる気が生まれてくるわね！

でも自分の責任のように考えてしまいやすいところがあります。子育てや介護のストレスを感じている人は、そうした考えになっていることがよくあります。そのときには、自分の力でできる活動から始めていくように勧めます。

第二に、**いきなり大きな活動を計画するのではなく小さな活動に分けるように手助け**します。家を片づけるといった大きな計画を立てると、「できそうにない」と考えて、結局手がつけられず、「やはりできなかった」と考えて落ち込むことになります。これがマンガでゆきさんが解説した「自分で実現する予言」です。

そうしたときには、袋を用意する、仕分け用のスペースを作る、洋服を分類するというように、活動を小さく分けて段階的に行ってもらうようにします。

そのようにして何かが達成できたときは、自分をほめるよう勧めます。そうすれば、達成感ややりがいを感じられて自信や意欲が生まれてきます。その結果「ダメな自分」という認知や行動が変化し、好循環が生まれてきます。

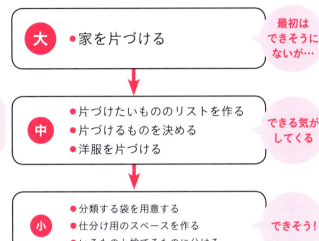

行動しても気分が変わらないときは？

考えごとにとらわれていませんか？

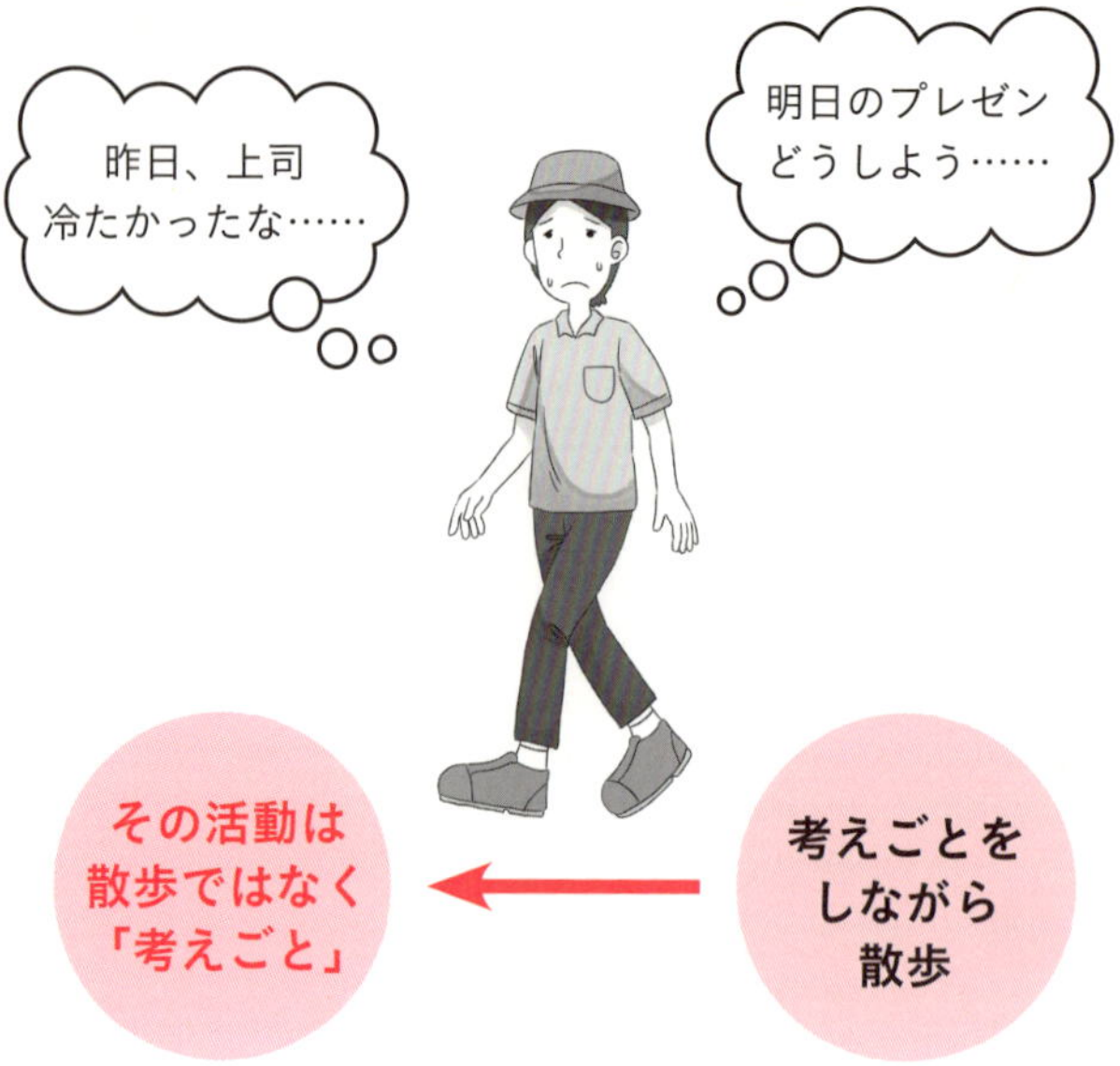
昨日、上司
冷たかったな……
明日のプレゼン
どうしよう……
考えごとを
しながら
散歩
その活動は
散歩ではなく
「考えごと」

行動をしているのですか？
考えごとをしているのですか？

マンガで斉藤さんは、妻と散歩をすることで、気分が「ホッコリ」しました。

このように、運動はこころを軽くするのに効果があります。散歩にかぎらず、ジョギングやサイクリングなどの有酸素運動、ストレッチや筋トレなどの身体活動は、体だけでなくこころの健康にもよい影響を与えます。

そうしたなか、外来などで、体を動かしても気分が晴れなかったと報告する人がいます。よく話を聞いてみると、散歩をしながら考えごとをしていたことがわかります。それは運動ではなく、考えごとをしていたことになります。

運動するときは、体を動かすことに集中してもらうように

起きている出来事に集中しよう

1 周囲のものに注目しよう

周囲の景色や、肌に感じる風の強さ、足元に見える草花に注意を向けます。起きている出来事に目を向け、ただ感じることが大切。

2 歩くペースや筋肉、呼吸の変化に着目しよう

周囲に目を向けたら、自分に目を向けます。歩いているときの筋肉の動きや、呼吸の変化、呼吸による体の変化を感じましょう。

伝えます。

そうはいっても、考えごとをしないようにするのは難しいものです。何かをしないようにと言われると、かえってしたくなります。考えないようにしようとすればするほど考えてしまうのは、そのためです。

そのようなときには、周囲の景色を見たり、風の流れを感じたり、道端の草花などに注目したり、あるいは体を動かすペースを速めて体の変化に目を向けたりと、考えごとから気をそらすようにするとよいでしょう。

落ち込んでいるときにはとくに、同じことを繰り返し考えているだけで、問題の解決につながっていないことが少なくありません。ですから、**考え込んでいると気づいたときには、ちょっと立ち止まって、考えることで新しい気づきが生まれて問題解決に向かっているかどうかをチェック**します。

問題解決に向かっていないことがわかったときには、体を動かすことに集中して気分を変えるように勧めます。

行動はデータを集めるための実験

データが集まれば問題点が見えてくる

認知行動療法は「行動実験」を大切にします。考え方を変えれば気持ちが変わるかのように誤解されがちですが、いくら考え方を変えても、本当にそのように考えてよい結果になるかどうかは、実際に行動して確認しなければわかりません。

行動活性化でもそれは同じです。「楽しみや喜びを感じる行動や、やりがいのある行動を増やすとこころが軽くなる」といくら言われても、実際に行動してそうしたこころの変化を体感できなければ、その言葉を信じることはできません。また、その後もその行動を続けていく気力は湧いてきません。

成功・不成功にとらわれない

これは実験。“できなかった”というデータを利用してみよう！
計画を立てたのにできなかった……。自分はダメな人間だ

行動“実験”と考えよう

実験結果が集まれば、次の対策が考えられる

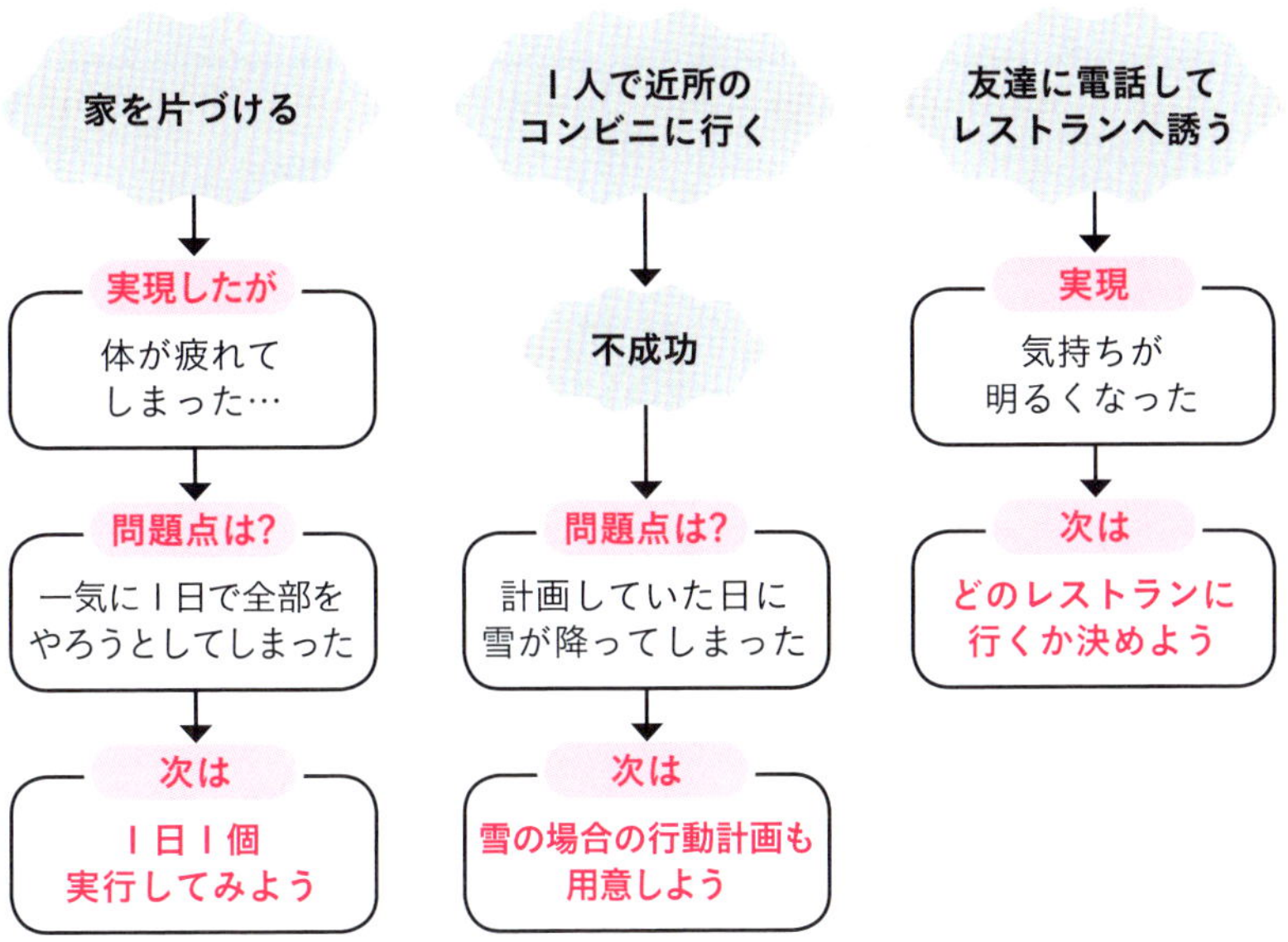

ですから、相談者には、ここまで紹介した方法を説明しながら、**実際に生活のなかに少しずつ新しい活動を取り入れることで気分が変わるかどうかを確認してもらう**ようにします。

「落ち込んでいるからそんなに動けない」と考えて何もしようとしない人には、どの程度動けるかどうかを日常生活のなかで実験的に確認してもらいます。同時に、そのように動くことで気分が変わるかどうかも確認してもらうようにします。

もし計画通りに行動できて気分が晴れれば、さらにその活動を増やしていくように勧めます。仮にそうした活動計画が思うように進まなかったとしても、問題点や改善点など、先に進むヒントが見えてきます。

ここで**大切なのは、行動できたかどうかという結果ではなく、「実験」を通して次に生かせるデータを集められたかどうか**です。そのことを相談者と共有するようにしておくことが大切です。

行動したらよい方向に動き始めた！

部長
ご相談が……
斉藤くん？
新規顧客獲得の営業が思うように進められないんです
慣れてないので手順が悪いと思うのですが少し調整していただけないでしょうか
そうなのか
最近新規事業にかかりきりで斉藤くんのことをあまりみられてなくて私のほうこそ申し訳ないな

ありがとうございます
困っているのはどの部分だ?
……という感じで上司は親身になって僕の話を聞いてくれて具体的なアドバイスももらえたんです
上司とそうした話し合いができるようになったのもよかったですね
はい よいきっかけになりました
高橋さんのおかげで体を動かすようになって仕事もプライベートもよい方向に動き始めたように思います
よかった 思い切って行動した甲斐がありましたね
はい

ストレスチェックと職場のメンタルヘルス

COLUMN3

職場のストレスチェック制度は自殺対策の一環として検討され、2015年に一次予防と職場改善を目的としたものとして法制化されました。ただ、導入後の様子を見ていると、本来の趣旨から外れて、高ストレス者を見つけて対応するという二次予防の早期発見・早期対応目的だけになっている事業所が多い印象を受けます。

もちろん高ストレス者への対応は重要ですが、職場改善というストレスチェック制度本来の目的を忘れてしまうと本末転倒です。一次予防には、認知行動療法活用サイト「こころのスキルアップ・トレーニング」を活用したメンタルヘルス教育などが役に立ちます。また、職場改善では、高ストレス者の多い職場の人たちと話し合ってストレスを減らす工夫をしたり、納期などの外的な要因が強い場合には、その職場で働く期間を限定することで心理的なストレスを軽減したりするなど、認知行動療法の問題解決スキルなどを活用して対応するとよいでしょう。

わが国では、仕事の質や量など業務上の負荷以上に、人間関係の負荷のほうがこころの健康に影響するといわれています。人間関係の改善にも認知行動療法が役に立ちますが、「上司の性格は変わらないので、自分の考え方を変えて受け流せるようになろう」など、認知行動療法が誤って使われることがあります。この場合は、「上司の性格は変えられないからどうすることもできない」と諦めるのではなく、人に相談したり社内のシステムを使ったりして上司の言動を変える工夫をする、といった解決策につながる考え方ができるように手助けしていきます。

第4章

問題を解決する
〜問題解決技法〜

脚が悪くなってから閉じこもりがちの高齢者・山中隆雄を見回り訪問した保健師の西嶋は、「閉じこもりはよくない」と状況を変えたがっている山中に対し、問題を解決する「問題解決技法」で、できることを見つけていくことに……。

閉じこもりがちになってしまった高齢者

あんまり外に出てないんですか？
外に出ると脚に負担がかかってかえってよくないんじゃないかと思ってな
こんなに脚が悪くなったのは前に骨折で入院してからだ
入院しているとあまり動かなくなるから脚の筋力も低下してしまいますしね
脚の筋力をつけるために何か手立てを考えてみるのはどうでしょうか
……そうだなこのまま閉じこもってばかりいるのもよくないしな

何か できそうなことは 思い浮かびますか？
う～ん 筋力だから 筋トレをする？
散歩する
病院に行く
ジムに行く ……とかかな
現実的にできそうな ことはありますか？
散歩…… かな
散歩！ いいですね！
ああ 散歩なら できるかもなあ

後日の訪問にて
山中
その後何かやってみました？
うん散歩に行ってみたよ
案外楽しかった
テレビでやってた筋トレもしてみたんだが筋トレはそこまで好きになれなかったな
散歩に筋トレもしたんですね！すごいです！
ただ、やっぱり歩くのが脚の負担になってる気がしてならん

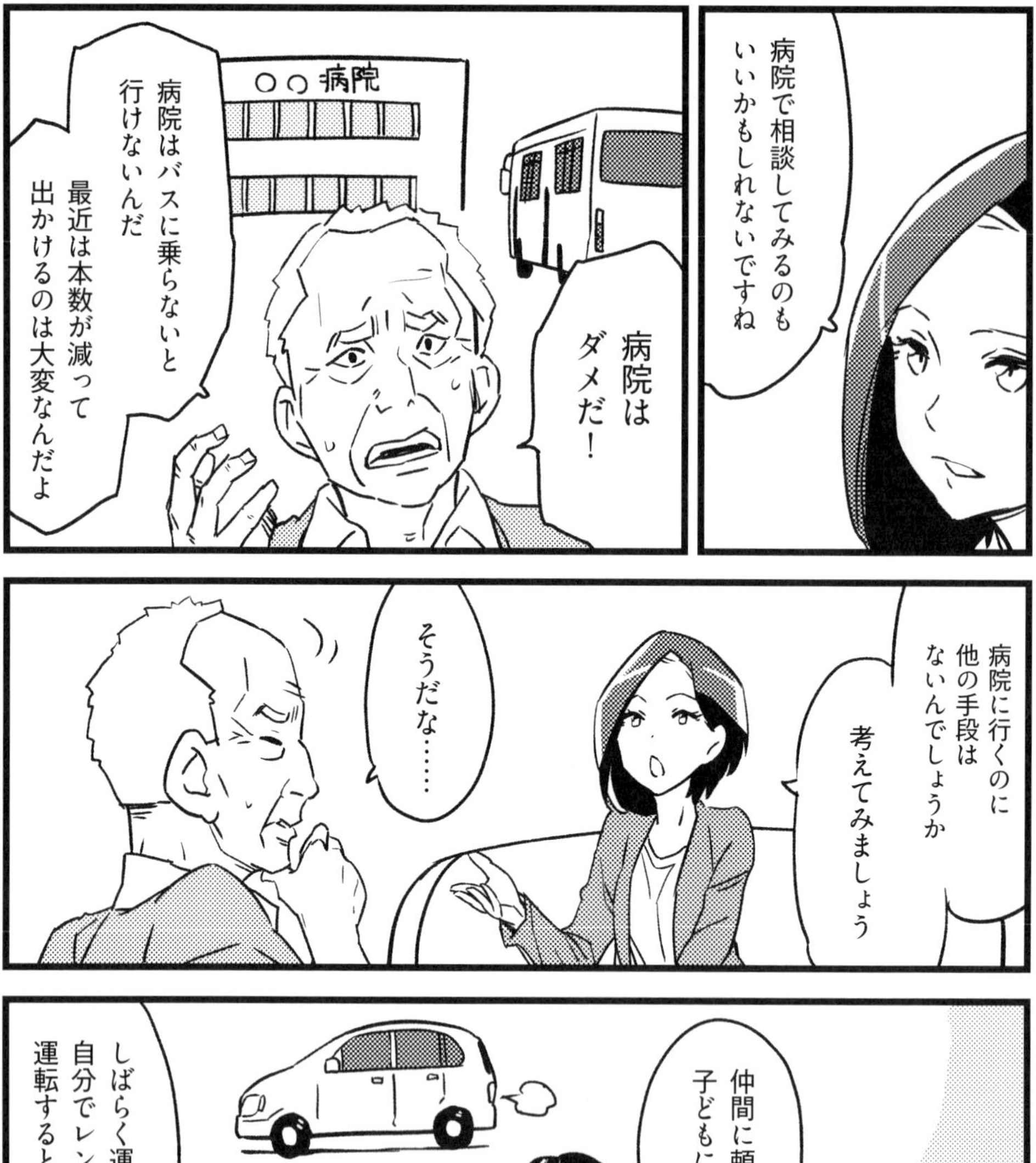
病院で相談してみるのもいいかもしれないですね
病院はダメだ！
○○病院
病院はバスに乗らないと行けないいんだ
最近は本数が減って出かけるのは大変なんだよ
病院に行くのに他の手段はないんでしょうか
考えてみましょう
そうだな……
仲間に頼むか子どもに頼む
しばらく運転してないが自分でレンタカーを借りて運転するとかかな

そのなかでできそうなことはありますか？
仲間も俺ももう運転は危ないからな
子どもに頼む……かな
いやいや娘も忙しいし多分断られるだろう
そうですか？
うーん……
まぁ何もしないよりはやってみたほうがいいのは散歩でわかったしな
うん聞いてみるよ
はいっ！

悩みや不安の原因を解決する問題解決技法とは？

問題解決技法のステップ

問題が発生
↓
問題を具体的に絞り込む→ P.152
↓
解決策はできるだけ多く考える→ P.154
↓
一番よい解決策を選ぶ→ P.158
↓
行動計画を立て実行する→ P.162

最初から諦めないで問題に取り組んでみよう

困りごとや悩みごとに直面したときには、ちょっと立ち止まって自分を取り戻し、現実に目を向けて考えを整理することが役に立ちます。しかし、それだけで気持ちが楽になるかというと、必ずしもそうではありません。

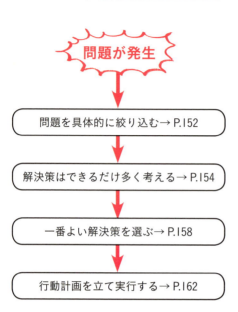

困りごとや悩みごとをきちんと解決できないと、つらさがそのまま続く可能性があります。そのようなときには、**きちんと現実に向き合い、問題に対処する必要が出てきます。そのときに役立つのが「問題解決技法」**です。

そのような提案をすると、相談者から、「そんなに簡単に問題を解決できないから悩んでいるんだ」と言われるかもしれません。たしかに、そのように考えて問題解決の入

問題解決の手順を身につける

手順がわかっていると
問題を絞る
①
解決策を選ぶ
②
実行する
③
スムーズに解決！
手順がわかっていないと
??
実行？
!?
解決策？
問題を絞る？
??
何から手をつけていいかわからない

手順を知り、1つひとつ実行していけば
問題が解けることが多い！

り口で立ち止まっている人がいます。「取り返しのつかないことになってしまった……」「もうダメだ。どうにもならない……」などと考え込んで動けないでいるのです。

でも、そのように考えて**何もしないでいると、結局先に進むことができず無力感ばかりが残ります**。まさに「自分で実現する予言」です。

こうした考えが浮かんだときには、認知再構成法を用いて、自分の考えを検証するようにします。

「簡単に解決できないという根拠は何だろう？　それに対する反証は？」

「取り返しがつかないと考える根拠は何だろう？　もし取り返しがつかないとして、どのような問題が起きるのだろう？　それに対してどのような手立てが取れるのだろう？」

「ダメだと決めつける根拠は？　もう少し手立てを考えてみることはできないだろうか？」

このように一度立ち止まり、最初の考えを検証することができれば、次の一手が見えてきます。

問題解決は1つずつ行おう

問題を決定するには❶
抱えている問題を洗い出す

問題を書き出して縦に並べよう

悩んでいる人は、一気に問題を解決したいと考えていることがよくあります。つらい気持ちになっているのですからそう考えるのはやむを得ないのですが、それでは問題をうまく解決できません。

複数の問題に同時に取り組もうとすると、力が分散してしまいます。**私たちが自分の力を最大限に発揮できるのは1つの課題に集中して取り組むシングルタスク（P56）のとき**です。ですから、相談者には、最初に取り組む問題を具体的に決めて、1つずつ解決していくように伝えます。

そうはいっても、どの問題から取り組めばよいかわからないこともよくあります。そのときには、**自分が抱えてい**

問題を決定するには❷

問題を縦に並べて1つひとつ取り組む

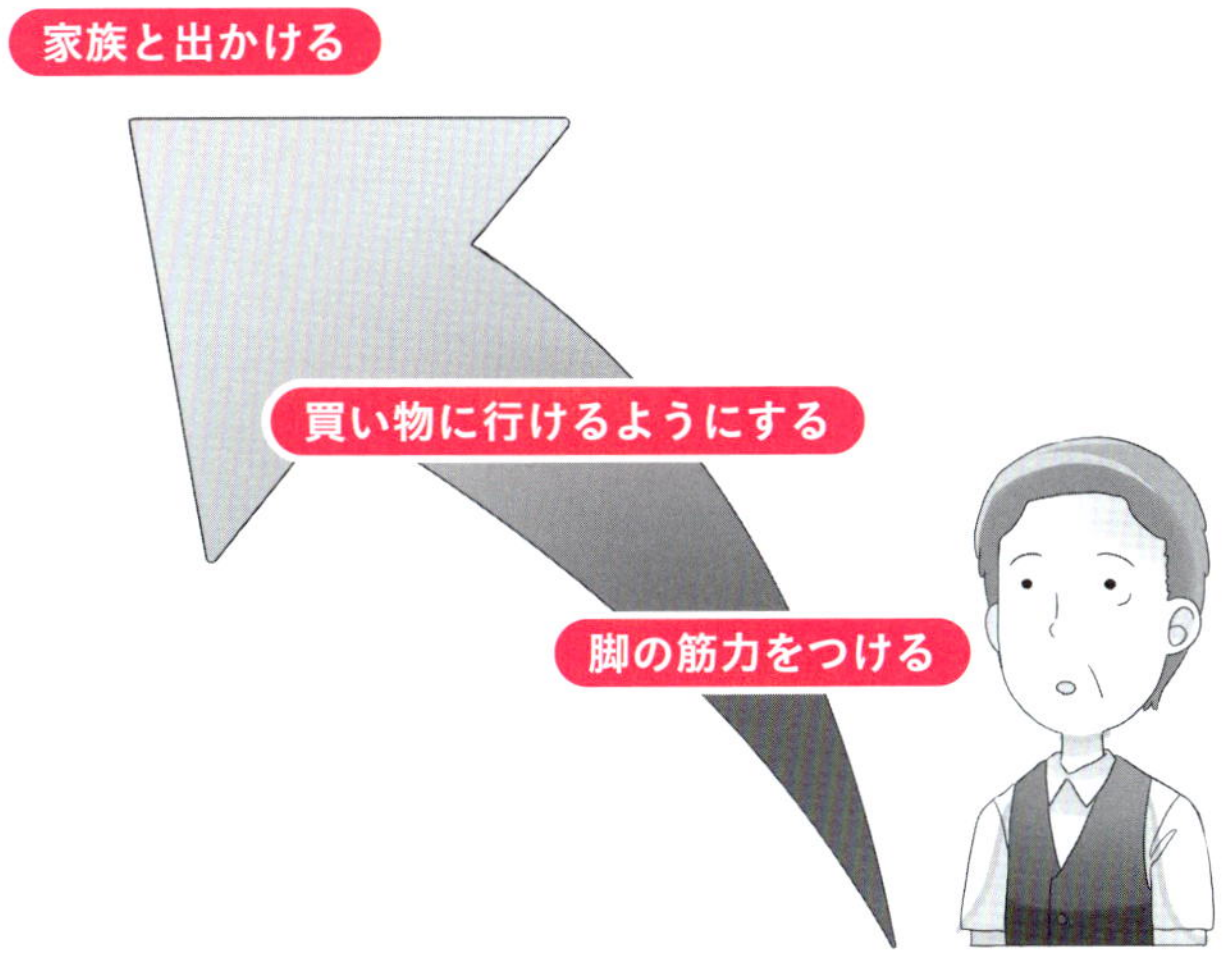

る問題を具体的に箇条書きにして書き出すように勧めます。頭のなかだけで考えていると整理がつかないように思える問題も、書き出してみると客観的に眺められるようになり、気持ちも落ち着いてきます。

そのうえで、どの問題から取り組んでいくか決めていきます。イメージとしては、**横に並んでいる問題を縦に並べて、目の前の問題から1つずつ取り組むようにする**のです。そうすれば、目移りせずに1つの問題に取り組めるようになります。

そのときの問題の並べ方ですが、問題の重要度と解決のしやすさの2つを基準に縦に並べていくようにするとよいでしょう。いくら簡単に解決できても、あまり重要でなければ解決する意味がありません。その逆も同じです。

ですから、その問題を解決することがどの程度重要で意味があるかということと、どの程度簡単に解決できるかの兼ね合いを考えながら、取り組む問題を選んでいけるように手助けしていってください。

解決策はできるだけ多く考える

完璧な解決策はない

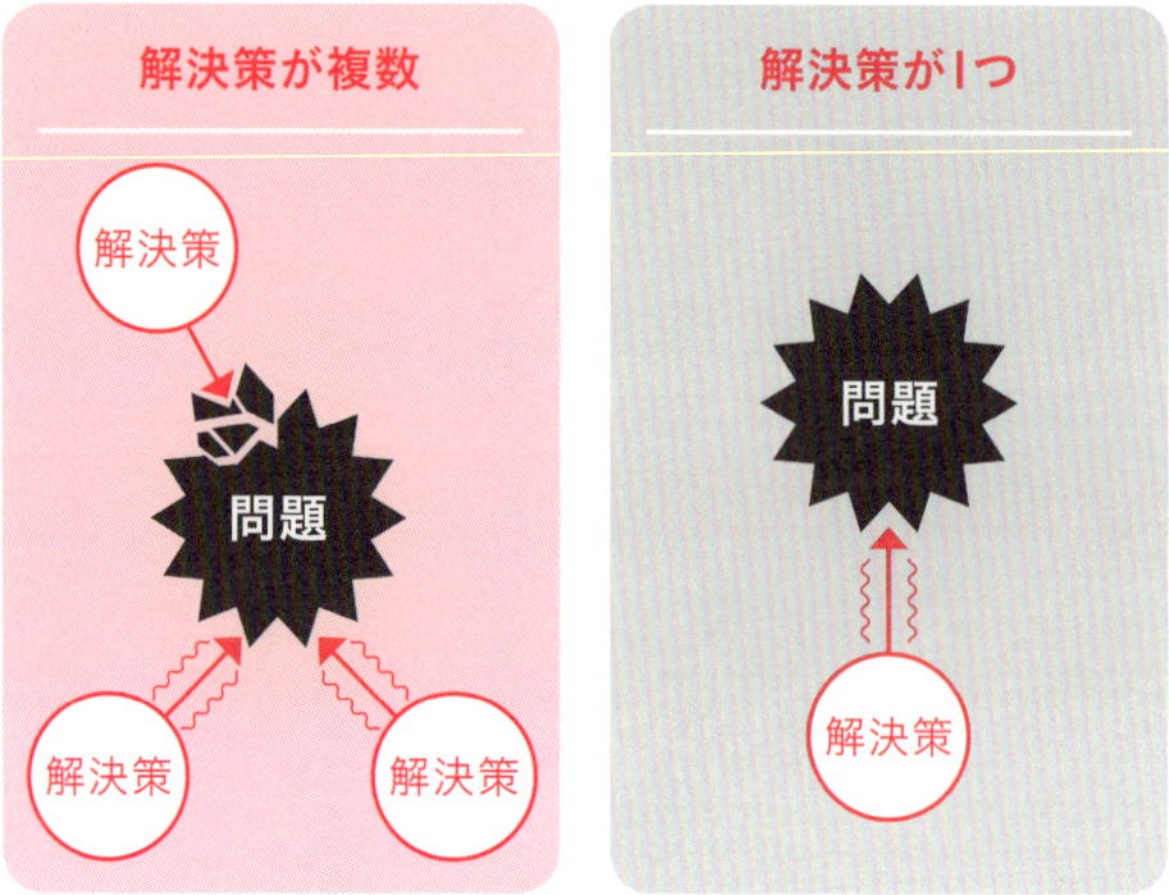

多くのアイデアを出すことが
問題解決のカギ

最初に浮かんだアイデアに縛られないようにしよう

解決する問題を決めた後は、その問題に対処する解決策を見つけ出す作業に移ります。そのときに意識しておくと役に立つ考え方に「数の法則」と「判断遅延の法則」があります。

「数の法則」というのは、最初に浮かんだ解決策に縛られないで、できるだけ多くの解決策を考えてみようという姿勢です。私たちは誰しも、最初に浮かんだアイデアに縛られる傾向があります。

最初に浮かんだ解決策というのは、それだけ自分に親和性があるからです。そのために、そのアイデアがとてもよいものに思えてきてしまい、その解決策に固執して、その

問題解決のコツ ❶

多くの案を出そう（ブレイン・ストーミング）

頭のなかで嵐が吹いているイメージで
思いつく限りのアイデアを出そう

解決策を使ってうまく問題が解決できなくても、「そんなはずはない」と考えて繰り返し同じアプローチを使い、疲れ果ててしまいます。

ある解決策を使ってうまく問題を解決できないときには、その解決策が適切でない可能性が高いと考えられます。このようなときには、その事実を受け入れて、**他に解決策がないかを考え直すしなやかさが大事**になります。

そのときに、ブレイン・ストーミングといわれますが、できるだけ多様な解決策を出すように勧めてください。また、完璧な解決策を求めすぎないようにすることも大切です。問題が解決できないときは、完璧な解決策が存在していない可能性が高いからです。

ですから、完璧な解決策を探すのではなく、60点、70点、場合によっては50点の解決策など、思い浮かぶままに書き出すようにします。そのうえで、もっとも効果的に解決できそうな方策を選んだり、いくつかの方法を組み合わせて解決可能性が高くなる方策を考え出したりします。

「できる？できない？」**解決可能性**を先に判断しない

できる、できないの考えに
とらわれると…

解決策が浮かぶ
同僚に相談しよう
↓
できないと決めつける
みんな忙しいから、
そんなのは絶対に無理だ
↓
解決できないまま…
問題をさらに
大きくしてしまうことも

解決策を考えるときに できる、できないは考えない

解決策を考える際の2つめのポイント、「判断遅延の法則」について説明します。これは、思い浮かんだ解決策を実施できるかどうかや、解決策が役に立つかどうかを、すぐに判断しないようにするということです。

悩んでいるときには、せっかくよいアイデアが浮かんでも、「そんなのはうまくいくはずがない」などと考えてしまうことがよくあります。自分に自信がなかったり、まわりに気を遣いすぎたりしているからです。

仕事がうまくいかずに悩んでいる人が、「仕事の進め方について同僚に相談してみようか」と考えたとしても、「みんな忙しいのに、こんなつまらないことで相談して時間を

問題解決のコツ ❷
できる、できないの判断は後回し

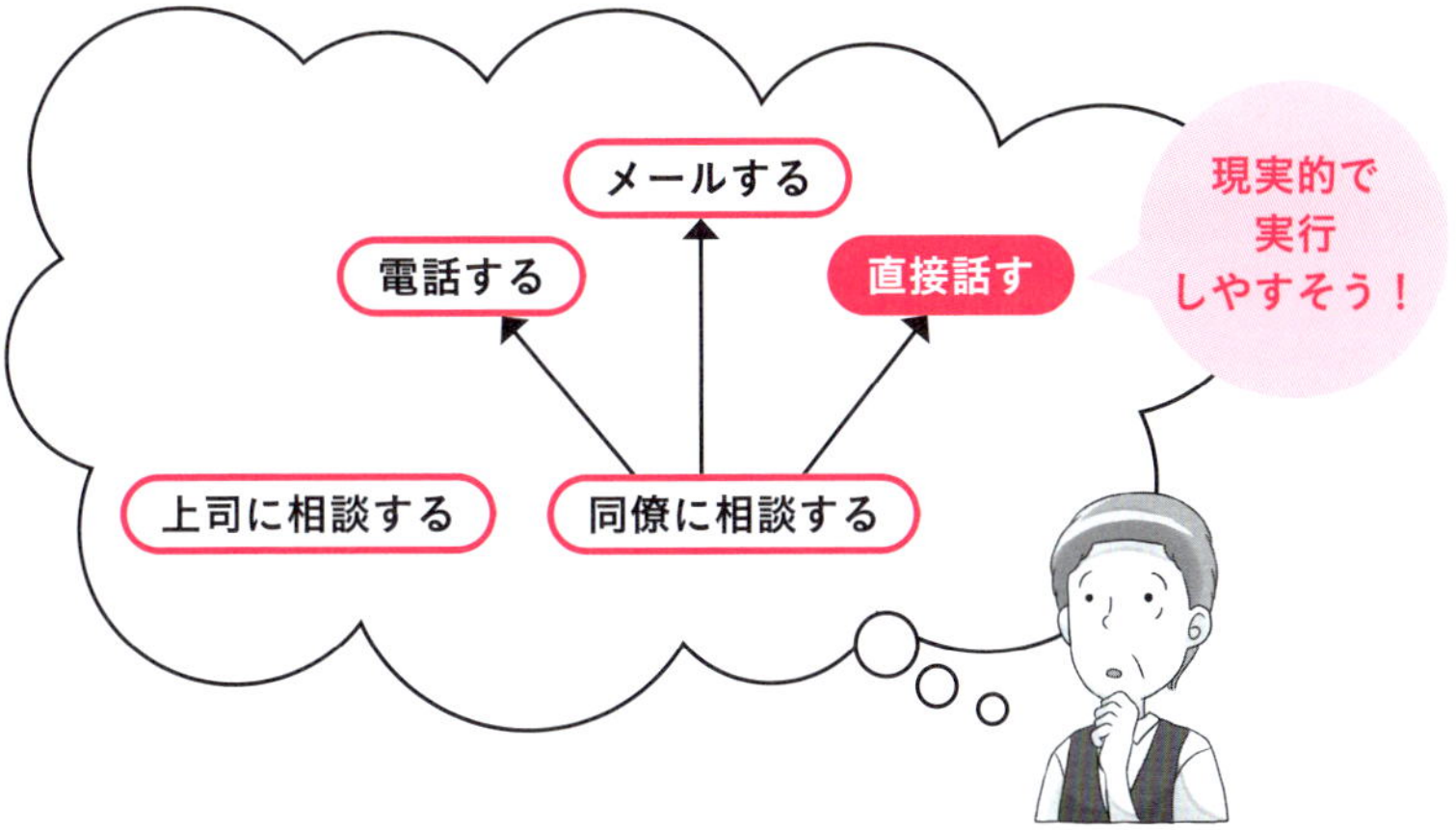

できる、できないの考えに捉われないでいると、たくさんのアイデアが浮かぶ

取るのは申し訳ない」などと考えて、相談できないまま時間が過ぎていくことがあります。

相談して仕事がスムーズに進む可能性がある場合、少し冷静になって考えれば、仕事が進まないままいたずらに時間が過ぎるよりは、相談するほうが自分にとってもまわりの人にとってもずっとよいということがわかるはずです。しかし、**悩んでいるときには、そのような可能性を考えるこころのしなやかさが失われていることが多い**ので、時間ばかり過ぎて精神的に消耗していくことになるのです。

そこで、**解決策を出すときには、「いいか、悪いか」「できるか、できないか」の判断は後回しにして、まず解決策をできるだけ多く書き出すように勧めます**。

このようにして解決策を書き出していってもらうと、**後の方で浮かんだアイデアのなかによい解決策がある場合も少なくありません**。いろいろ考えているうちによいアイデアが浮かぶようです。ですから、判断は後回しにして、できるだけ多くの解決策を出すよう勧めてください。

解決策を1つひとつ検証しよう

解決策を書き出すメリット

① 頭のなかであれこれ考えるよりも整理しやすい

② あとで振り返って客観的に考えられる

③ 振り返ったときに新しい考えが浮かぶこともある

悩んでいるときこそ書き出してみることが大切ね！

解決策について検証することが問題解決への近道

　ブレイン・ストーミングによって解決策がある程度出揃ったら、どの解決策を実行するかを決定します。

　そのときにはまず、**解決策それぞれについて、「長所」と「短所」を考えてみます**。そのうえで、**その解決策を実行することで問題が解決できる可能性と、解決策そのものがどれくらい実行しやすいかをあわせて考えてもらい、それぞれを10点満点で評価**してもらいましょう。点数をつけるのは客観的に評価するためです。そうやって「もっともよい」と思われる解決策を決定するのです。

　マンガを思い出してみましょう。

　脚が弱っている山中さんは、筋力をつけるために、散歩

解決策を1つひとつ検証しよう

例）脚が弱っている山中さんの場合

解決策	長所	短所	実行可能性	解決可能性
散歩する	すぐにできる	天気に左右される	10	8
筋トレをする	脚に筋肉をつけられる	脚に負担をかけすぎてしまう	5	10
病院に行く	専門的な意見を聞ける	病院に行くための手段を考えなければならない	3	8

する、筋トレをする、病院に行く、といった解決策を考えました。それぞれの長所と短所をまとめ、解決可能性と実行可能性を評価したのが上の表です。

その結果、散歩がもっともバランスがよく、高い評価になりました。それでこれを実行することに決めたのです。

解決策をたくさん書き出し、それぞれの長所と短所について考え、さらに解決可能性と実現可能性を評価するのは、面倒だと思われるかもしれません。

しかし、問題に直面している場合、頭のなかだけであれこれ思いを巡らしていると、考えが混乱しやすくなります。ものごとを客観的に見ることが難しいこともよくあります。ですから、頭のなかだけで考えないで、**少し時間がかかってでも書き出してみると、解決策が整理できる**ようになります。また、あとで**振り返って客観的に見ることができ、その過程で新しいアイデアが浮かぶことも期待できます**。

つまり、結局はこの方法がもっともショートカットだといえるのです。

問題解決技法
［行動決定❷］

スモールステップでできることから行う

大きな行動はプレッシャーを与えてしまう

小さな行動を重ねることが継続につながる

いきなり大きな問題をひと息に解決しようとしても、負担がかかりすぎ、どこかで無理が生じます。高いところに掲げた目標を叶えようとしたとき、一足飛びには叶えられないのと同じです。

運動しようと考えて、スポーツジムに週3回通うという行動を選択したとします。しかし、実際に通うには、費用がかかるし、時間と労力も必要です。「入会したからには通わなければいけない」とプレッシャーを感じるかもしれません。実行するのは意外にハードルが高いのです。その結果、計画通りに実行できないことがあるとガッカリして、続けることができなくなります。

段階的に行動を決めていこう

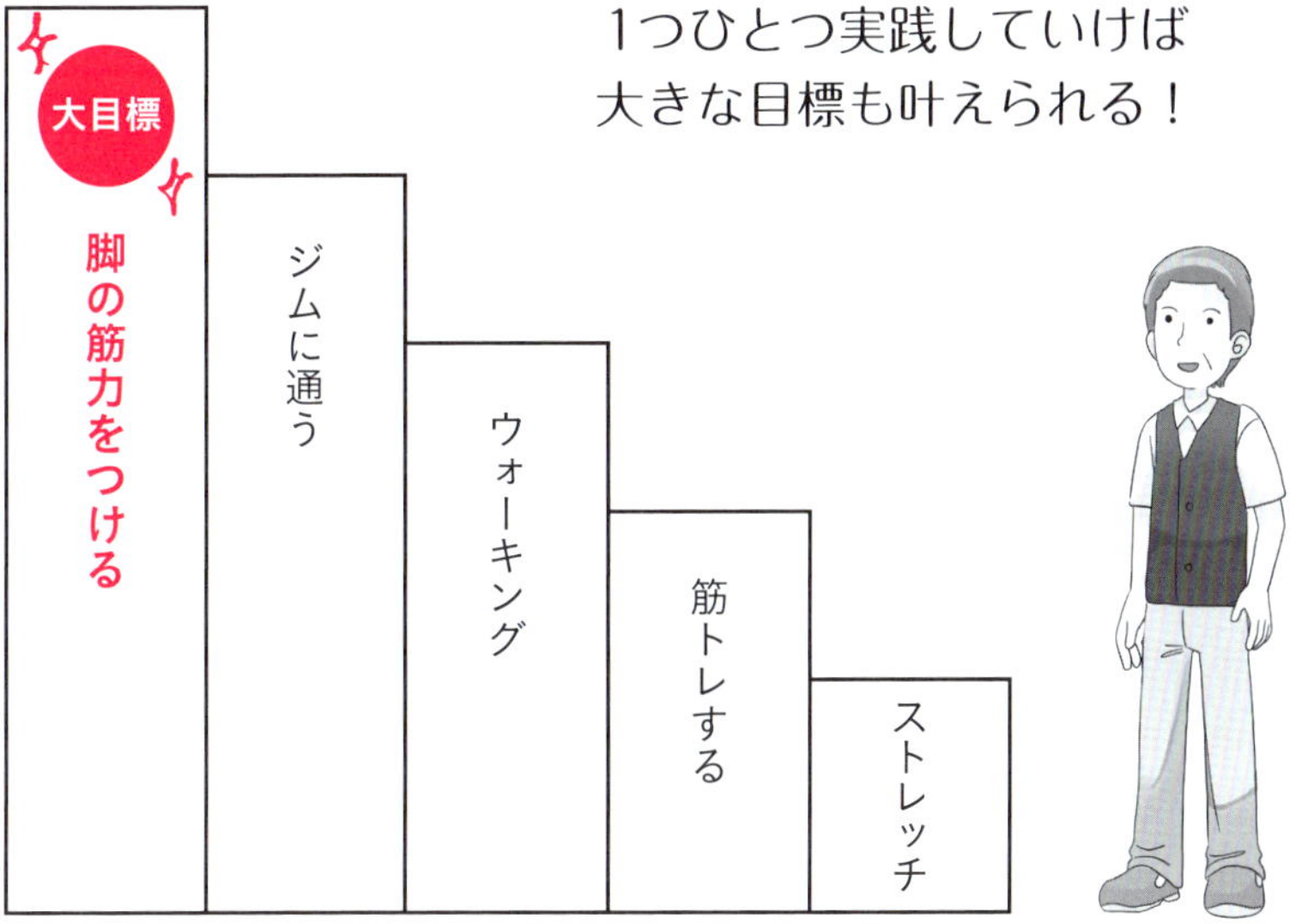
1つひとつ実践していけば
大きな目標も叶えられる!
大目標
脚の筋力をつける
ジムに通う
ウォーキング
筋トレする
ストレッチ

そうならないためには、**階段を一段一段上がるイメージで、スモールステップに分けるといい**でしょう。ジムに通って運動をすることを最終的な目的にした場合には、まず室内のストレッチから始め、次に短いウォーキングやジョギングへと進めていきます。そして、通うジムを決めて、曜日を1日だけ選んで、段階的にジムに通うという最終目標に近づいていけるようにします。

マンガの山中さんのように、「脚の筋力をつける」ことを課題に掲げても、いきなり激しい筋トレをすることはできませんし、病院に行くのも1人では難しいでしょう。そうだとすれば、まずは散歩から始めて、段階的にハードルを少しずつ上げていけば取り組みやすくなります。

そのようにして**スモールステップを積み上げていくことで、わずかでも変化したことが実感できれば、その達成感や喜びがモチベーションとなり、行動が持続します**。このように、たとえ小さくても、ちょっとだけ頑張れば達成できることから始めるように勧めてください。

詳細な行動計画を立てよう

行動計画を立てるポイント

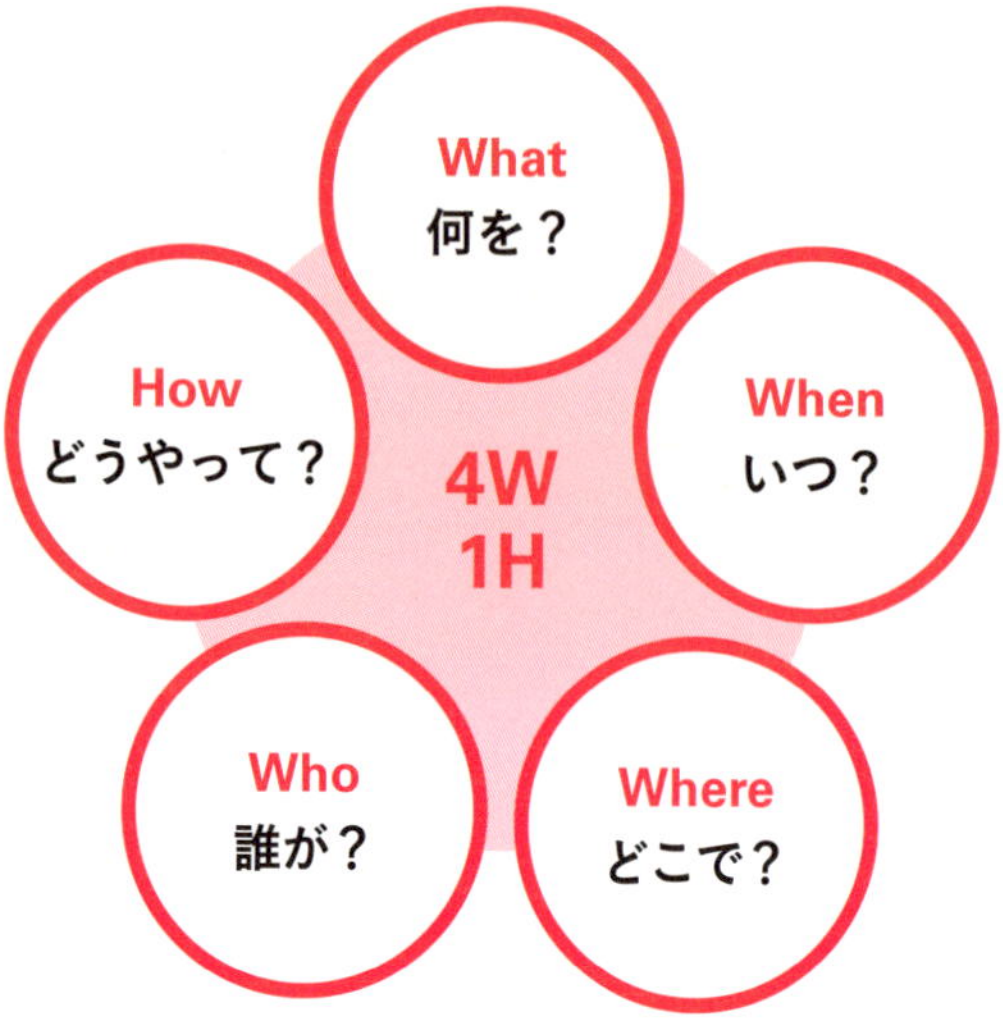
4W
1H
What
何を？
When
いつ？
Where
どこで？
Who
誰が？
How
どうやって？

さまざまな視点から考え計画を立てることが大切

解決策が決まったら、あとは実行するだけです。

でも、ちょっと待ってください。

相談者にとって、問題は切実です。一刻も早く解決して楽になりたいと考えていると思います。でも、**焦って準備なしに実行すると、うまくいかない可能性が高くなります**。そうすると、「やっぱりダメじゃないか……」と考えて、先に進む気力がなくなってきます。そうした事態を避けるためには、実行に移す前の準備が大切になります。

そこで、**解決策を決定した後は、少し腰を落ち着けて、準備の時間をとる**ようにします。

準備にあたっては、現実をしっかりと見据えながら、具

リハーサルやロールプレイングでサポートを

相
支
練習すると緊張や不安が和らぎますもんね
支援者がリハーサルやロールプレイングをするのを手伝うのもいいでしょう

体的に計画を考えていくようにします。**「何をするのか」「いつ、どこで、どのようにするのか」「一人で行うのか、人に頼むのか」「基本的な手順はどうすればいいのか」……さまざまな視点から考えていきます。**

実行するときに障害になりそうなものはないか、あるとすればどのように対処するか、ということも確認しておくように勧めます。想定していなかった障害が出てきてつまずいてしまうと、「できない」というネガティブな考えが強くなります。あらかじめ準備しておけば、つまずいても冷静に対処できる可能性が高まります。

さらに、**行動に移る前にリハーサルを行っておけば安心**です。緊張や不安が和らぎ、落ち着いて取り組むことができるようになります。

実行計画は、確認しやすいように書き出しておくように勧めます。実行計画をまとめて書き出すための「アクションプランワークシート」と記入例をP166に掲載しましたので、参考にしてください。

実行した行動を評価しよう

振り返りの流れ

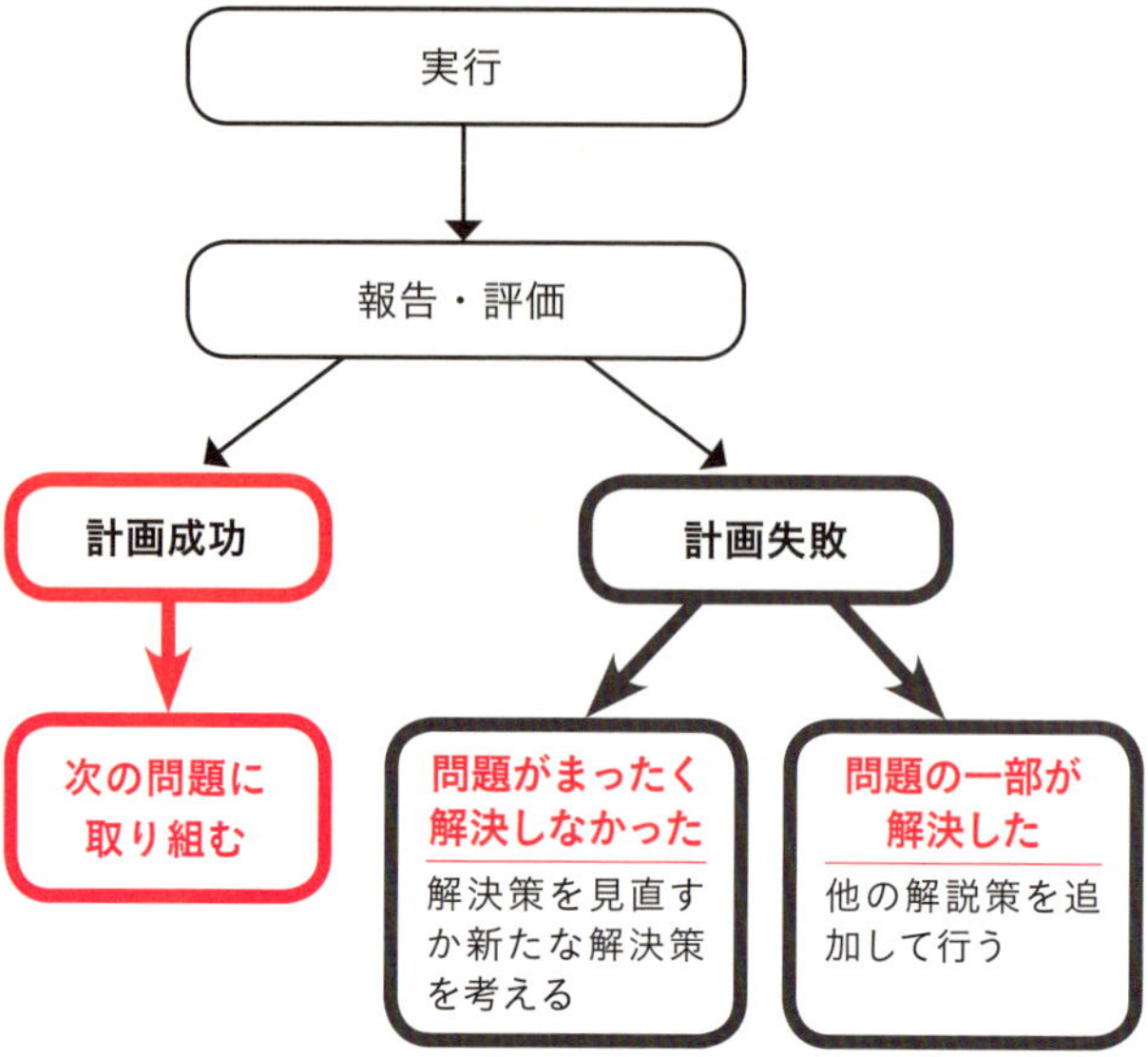

行動の結果を振り返り次につなげていく

解決策を実行した後には、その結果を評価します。

結果について相談者と話をするときに「行動できたか、できなかったか」という聞き方をするのは好ましくありません。そのように「白か黒か」で判断するのではなく、**「実行計画のどこが、どこまでできたか」、「問題のどの部分が、どのように解決されたのか」具体的に話してもらうようにします**。また、計画が失敗して相談者が落ち込んでいる場合には、「実行できたこと」を評価するようにしましょう。

選んだ問題を解決できているなら、ひとまず成功です。次に、最初にリストアップした問題のなかから新たに取り組むべきものを選び、これまでの手順に従って、解決策を

計画が失敗しても成功しても得られるものがある

計画成功
計画を実行し、解決できる力があるのが素晴らしいです
計画失敗
計画が失敗だったとしても実行できたことで新しい情報が手に入ります

まずは、実行できたことを評価しよう

考え、決定し、実行し、評価します。

問題を部分的に解決できている場合には、残りの部分を解決するために、先に挙げた複数の解決策のなかから適したものを選び、計画を立て、実行していくようにします。

まったく改善が見られなかった場合は、解決策や実行計画が適切ではなかった可能性があります。その場合は、それらを見直したり、あるいはもう一度最初に立ち戻ったり、問題をはっきりさせたりしたうえで、**新たな解決策を考え、取り組んでいけるように手助け**していきます。

問題が全部解決できなくても、部分的に解決できれば気持ちが楽になることがあります。たとえうまくいかなかったとしても、実行できたこと自体が大きな進歩ですし、実行したことで、新たな課題が見えてくることもあります。それだけでも十分な意義があるのです。こうした作業を繰り返していけば、問題解決に近づけるようになります。

次ページの「アクションプランワークシート」を利用して、実行した行動を振り返ってみましょう。

アクションプランワークシート（記入例）

行動目標と試したい考え	
行動目標	病院に行くために子どもに車を出してもらうよう頼む
試したい考え	子どもが助けてくれる

アクションプラン	
アクションプラン	子どもに電話する
開始予定時期	明日の夜
予測	電話したら嫌がられる
予想される問題	子どもは忙しくて電話に出ないかもしれない
問題が起こったときの対処法	違う時間帯にかけ直してみる
実験結果	「平日は忙しいため難しいが、休日なら」と快く引き受けてくれた
新しい考えの確信度	100％
この実験から学んだこと	子どもは忙しいが、時間があれば協力してもらえる

行動の結果、「試したい考え」をどれくらい確信できるようになったか？

アクションプランワークシート

行動目標と試したい考え	
行動目標	
試したい考え	

アクションプラン	
アクションプラン	
開始予定時期	
予測	
予想される問題	
問題が起こったときの対処法	
実験結果	
新しい考えの確信度	
この実験から学んだこと	

行動すると認知や気持ちも変化していく

問題を解決していくなかでさまざまな変化が生まれる

問題解決技法を使って問題がすぐに解決できなかったとしても、それを活用するメリットは十分にあります。

1つめのメリットは、**「解決できない」という思い込みから自由になれること**です。問題を整理して、具体化・明確化することで、解決するためにするべきことが見えてくるようになります。

2つめは、**気持ちが前向きになること**です。できそうなことがわかれば、解決が「不可能ではない」と考えられるようになって、ネガティブな気持ちが和らぎます。

3つめは、現実的で実現可能な解決策を考え出せれば、**「やってみよう」という意欲が湧いてくること**です。

このように計画を実際に行動に移すことで、**実際に解決に向けて一歩前進できること**が4つめのメリットです。

そして5つめが、**現実に実行し、少しでも成果が出れば、達成感と自信が生まれること**です。

悩みや不安の誘因となっている問題を明確化し、解決策を考え、実行に移していく――それが問題解決技法です。

先に述べた通り、これは私たちが問題に直面したとき、自然に行っていることです。しかし、あまりに大きな問題が生じると、余裕がなくなって、こうしたこころの機能が低下し、どのように問題に向き合えばいいのか、わからなくなってしまいます。

そうしたときにこの問題解決技法を思い出せれば、解決に向かって歩み出すことができるようになります。

問題解決技法を行うことで生まれていくメリット

問題に対処していくとこんなによい変化があるのね！

1
解決できないという思い込みから自由になれる

↓

2
「できる」とわかって前向きになる

↓

3
できることがわかると意欲が湧く

↓

4
できることを行っていくことで解決に向け前進できる

↓

5
実行したことで達成感と自信が生まれる

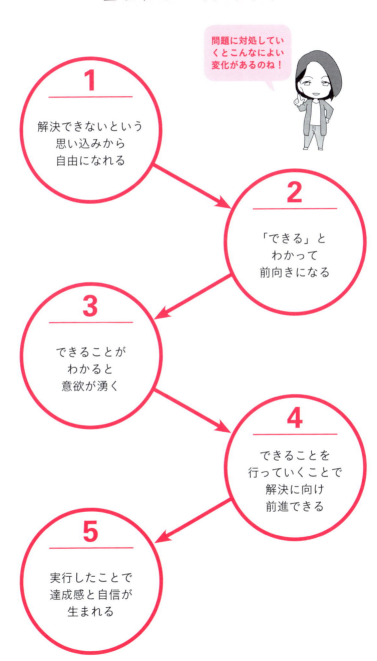

こころがつらくなったら休息を

気分転換をしてこころに余裕をもとう

最後に、問題解決技法を実行するときの注意をもう1つ書いておきます。それは、**問題がなかなか解決しないときは、頑張りすぎないでひと休みすること**です。

相談者が**壁にぶつかったり不安が強くなったりしたときは、気分転換することを提案してもよいでしょう**。

友人と会っておしゃべりしたり、一緒にカラオケに行ったりする。あるいは家族とショッピングに行くといった、人と関わる活動をしてもよいでしょう。散歩やジョギング、ストレッチ、その場で駆け足をするなど体を動かすことは、こころを軽くするいい方法です。

五感を刺激する活動も役に立つでしょう。香水を変えてみる、おいしいものを食べる、マッサージをする、音楽を聴く、映画を観るなど、いろいろあります。

100から7を引いていく、クロスワードをする、ゲームをするなどの脳を使う作業は、不安な気持ちをそらすのによい方法です。こうしたことをやってみると、意外と頭がスッキリすることがあります。

マンガで山中さんが病院に行く際に娘さんに手助けを頼んだように、**自分だけで頑張ろうとせず、周囲の人に手助けをしてもらうことも、うまくいかない状況を打開するのに役に立ちます**。

問題解決のためには、こうしたこころの余裕を持つことが大切だということを相談者が気づけるように手助けしましょう。

不安が強いときには気分転換をしよう

人と関わる	・家族と話す ・友達に電話をする
思考する	・本を読む ・100から7をひく ・足し算をする ・クロスワードをする ・冗談を言う ・ゲームをする ・コインを50枚投げて1枚ずつ数えながら拾っていく
五感を刺激する	・音楽を聴く ・テレビを見る ・ラジオを聴く ・周囲の迷惑にならない程度に音を立てる ・冷たい水を口に含む
体を動かす	・リラクゼーション ・腹式呼吸 ・膝の屈伸運動 ・体操 ・散歩 ・その場で駆け足をする

いろいろなアイデアを出して試してもらってください！

思い込みにも気づけた！

山中
こんにちは
山中さん
あの後
病院のこと娘さんに
相談してみました？
ああ……
娘に車を出して
もらえないか聞いたら
あっさり引き受けて
くれたんだ
言ってみないと
わからない
もんだな！
いーよー
えっ!!
いいのか？
そうですね

それで病院に行ってみたら「脚はだいぶよくなってるので散歩を続けてみるといい」と先生から言われたんだ
え、いいの？
いいですよ！
脚は動かしても問題ないみたいで少しホッとしたよ
だからこのところ散歩によく行くようにしてるんだ
少しずつ距離が伸びてる気がするな
それはよかったです！
退院してからずっと自分の脚は悪いもんだとばかり思っていたんだがそこまで悪くなかったとわかってよかったよ

COLUMN 4

高齢者のうつ

こころの不調を体験している高齢者は少なくありません。親しい人が亡くなる、退職して社会的役割を失う、身体疾患にかかる、加齢に伴って体力が低下するなど、広い意味での喪失体験を経験することが多いためです。脳血管障害や身体疾患の治療薬の影響でうつ状態になることもあります。

うつ状態になると閉じこもりがちになり、心身の不調が深刻化したり自殺のリスクが高まったりするので、早期の対応が必要です。しかし高齢者のうつ病は、いきいきとした感情が失われるアンヘドニアと呼ばれる症状が前景に出て、悲しみなどの抑うつ気分がはっきりしないことが多いので注意が必要です。不安や心気症状が前景に出て、抑うつ症状が目立たないこともあります。

高齢者のうつ病では、認知症との異同が議論されることもあります。うつ病は発症が急激で、記憶の低下を思い悩むなど、鑑別のポイントがありますが、うつ病と認知症が併存していることが多いので、両方を視野に入れながら支援していくほうがよいでしょう。

高齢者のうつ病は治りにくいといわれることもありますが、これは誤解で、他の年代と同じように治療に反応します。抑うつ状態を示す人の支援では、まず医学的な評価を行って、必要があれば薬物療法を開始します。社会的なつながりを増やしたり運動などで体を動かしたりすることも役に立ちます。一般の高齢者は幸せ感を抱いている人が多いといわれています。さらなる幸せ感を抱けるよう、高齢者が持つ豊かな人生経験や生活の知恵を社会で生かせるような支援を意識してください。

第5章

怒りと不安を管理する

認知行動療法は、感情のコントロールや、他人とのコミュニケーションにおいても役立つもの。高校教師・町田孝太郎は、腹が立ったときに落ち着いて自分の気持ちや考えを上手に伝えるスキルや、緊張したときのこころのコントロール法などを生徒に教える特別授業を行っていた。

学生に教えたいコミュニケーションスキル

キーン
コーン
今日は特別授業として
腹が立った場面で気持ちを抑えて自分の考えや気持ちをきちんと相手に伝える方法について勉強します
たとえばこんなことが起こったとします
廊下で溜まっているグループがいました
そこに急いでいるアキラくんがやってきました
アキラくんは廊下に置かれていたバッグを踏んでしまい足跡がついてしまいました

持ち主のユウくんは怒ってとっさに「何すんだよ！」と怒鳴りました
アキラくんはそれを聞いてムッとしました
さあアキラくんはどのように対応するのがいいかグループで話し合ってみましょう
あとで発表してもらいます
踏まれるようなところに置いてるのが悪いだろ！って言いたくなるよね
新しいバッグだとしたら汚されたユウくんもかわいそうじゃない？
でも悪気があって踏んだわけじゃないし「何すんだよ！」なんて強く言われたら言い返したくならない？
それじゃよけい腹を立ててケンカになるかもよ？

そうだよね
僕だったらケンカはしたくないいな
そうだ
ムッとしたときはちょっと時間をおいて気持ちを落ち着けるといいって本に書いてあったよ
深呼吸とか？
そうそう
でもさー バッグをそんなとこに置いてたユウくんも悪いってわかってほしくない？
「何すんだよ」って怒鳴るのもいただけないよね
じゃあさ じゃあさ
踏んだことは謝ってから「急いでると下が見えないことがあるから通り道に置かないでほしいな」って言うのはどう？
ごめん
でもここに置かないで
いいね！それでいこう

さあ
まとまったかな?
班ごとに
発表してもらいます
いろんな意見が出て
とてもよい話し合いが
できたね
Bグループの
発表にあったように
腹が立ったときには
ちょっと時間をとって
強い感情が通りすぎるのを
待ったほうが落ち着いて
話し合えるんだ
深呼吸したり
唾を飲み込んだり
3つ数えたりしてね

誰かとのコミュニケーションにおいて
カッとなったりショックを受けたり感情が強く揺さぶられたらまずはいったん落ち着こう
そしてその間に自分が何を伝えたいかを考えて「強い言い方」と「弱い言い方」を想像してみると
伝えたいこと…
強い言い方
弱い言い方
ほどほどの言い方
伝えたいことがスムーズに伝わる「ほどほどの言い方」が見えてくる
これは大人になってからも覚えておくといいことだよ

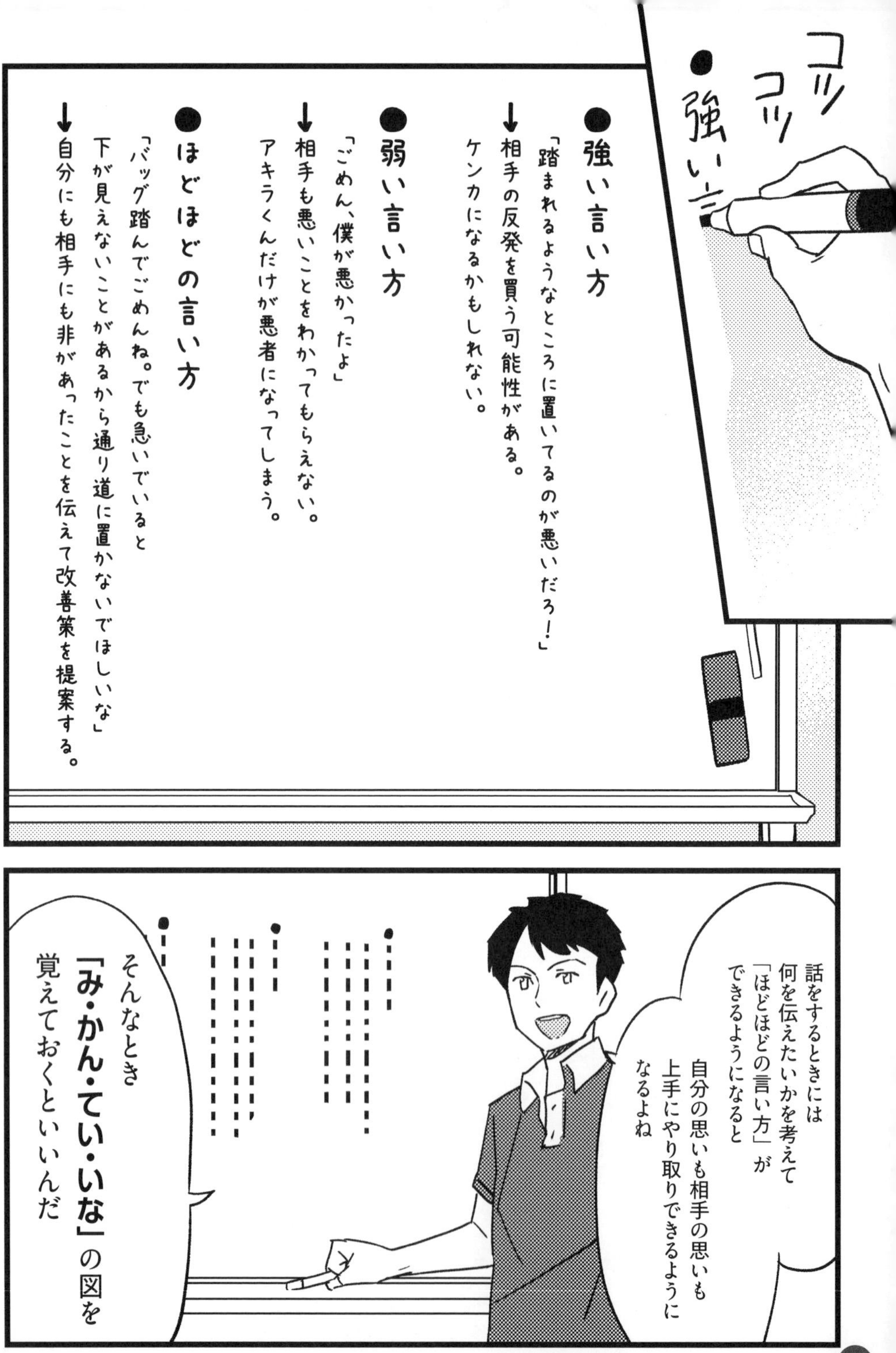

コツ
コツ
強い言
●強い言い方
「踏まれるようなところに置いてるのが悪いだろ!」

↓相手の反発を買う可能性がある。

ケンカになるかもしれない。
●弱い言い方
「ごめん、僕が悪かったよ」

↓相手も悪いことをわかってもらえない。

アキラくんだけが悪者になってしまう。
●ほどほどの言い方
「バッグ踏んでごめんね。でも急いでいると下が見えないことがあるから通り道に置かないでほしいな」
↓自分にも相手にも非があったことを伝えて改善策を提案する。
話をするときには何を伝えたいかを考えて「ほどほどの言い方」ができるようになると
自分の思いも相手の思いも上手にやり取りできるようになるよね
そんなとき「み・かん・てい・いな」の図を覚えておくといいんだ

なにそれ
みかんていいな？
見える事実だけだと素っ気なくなるし感じている気持ちだけだと感情的になる
ぺらっ
だから事実と感情をうまくミックスして伝えると相手も受け入れやすいよね
み：「み」たこと＝客観的事実、状況
かん：「かん」じたこと＝自分の気持ち
てい：「てい」あん＝提案
いな：「いな」＝否定された場合の代替案
じゃあこの「み・かん・てい・いな」に当てはめて他のケーススタディーでも「言い方」を考えてみよう
またあとで発表してもらうよ

はい、みんな お疲れさまでした
みんなの意見を聞いて 思ったけど
「ほどほどの言い方」は 言ったほうも言われたほうも 感情が落ち着いてお互いに 意見を受け入れやすいよね
「み・かん・てい・いな」が できるようになると 相手の気分が前向きに 変わる感じがしたけど
みんなは実際に やってみて どうだった?
僕はすぐムッとする タイプなんだけど この言い方ならムッと しなかったです!
確かにお前 怒りっぽいよなー
それはよかった! 世の中が平和に なるかもね

事実に対して
自分の見方だけが
絶対じゃないこと
相手の見方もあること
どうすれば自分の意見が
すんなりと伝わるかを
考えるときには
「み・かん・てい・いな」が
使えること
み
かん
てい
いな
誰かと意見が
合わないときには
思い出してほしい
明日から
先生に使って
みたいと
思いまーす!
えっ俺!?
あはははは

認知行動療法は教育現場でも使える

子どもの成長を助ける認知行動療法アプローチ

認知行動療法を学校で活用したらクラスの雰囲気がよくなったという話を聞いたのは2009年のことでした。

どんな授業をするかというと、まず友達に送ったSNSのメッセージを無視されて、「仲間外れにされた」と考えて落ち込んでいるクラスメイトがいたときに、どのような声かけをするかをグループで話し合い発表します。

グループで話し合ってみると、仲間外れにされた可能性もあれば、友達が忙しかった可能性や、悪さをして親にスマホを取り上げられた可能性、恋人と一緒にいたので返信する余裕がなかった可能性など、**1つの出来事にもいろいろな可能性があることがわかって、しなやかな考え方ができるようになります**。人によって捉え方が違うことがわかると、**他の人に対する思いやりが生まれてきます**。アクティブラーニングを通したこころの教育ができるのです。

そうした体験を元に、こころの教育に関心のある教員を中心に認知行動療法教育研究会が立ち上げられ、怒りのコントロールやコミュニケーションスキル、「ノー」と言える教育などを含んだ指導案が作られ、書籍化されました。

この活動をきっかけに、群馬県桐生第一高校では認知行動療法活用サイト「こころのスキルアップ・トレーニング」を活用したジュニアアスリートのストレスマネジメント、角川ドワンゴ学園のN中等部、N高校ではマインドフルネスも組み込んだ5日間プログラムが実践され、成果を挙げています。また、認知行動療法の考え方は、**教員のこころの健康にも役立つ**ことがわかっています。

こころのスキルアップ教育プログラム

単元	No.	タイトル	課題	配当時間
①こころを整理するスキル →P.188〜	1	出来事・考え・気分をつかまえる	気分は考えによって影響されることについて、みんなで話し合う	1
	2	友達の悩みを整理する①	友達の悩みを「出来事・考え・気分」に整理して、他に考えがないか、みんなで話し合う	1
	3	友達の悩みを整理する②	友達の悩みを「出来事・考え・気分」に整理して、解決する方法を考える	1
	4	自分の悩みを整理する	自分の悩みを「出来事・考え・気分」に整理して、解決する方法を考える	1
②問題解決のスキル	5	クラスの問題に取り組む	問題解決のスキルを使って、クラスの問題に取り組む	1
	6	自分の問題に取り組む	問題解決のスキルを使って、自分の問題に取り組む	1
③怒りに向き合うスキル →P.190〜	7	怒りって何だろう	「怒り」の意味と体の反応を知る	1
	8	怒りと付き合う	「怒り」の感情との付き合い方について考える	1
④コミュニケーションスキル →P.192〜	9	「ノー」と言えないとき	「ノー」と言えるようになるために、そう言えないときの「気分」や「考え」を探ってみる	1
	10	アサーションのスキルを学ぶ	自分の考えたことを素直に表現し、相手に伝える方法を学ぶ	1
⑤こころのスキルアップ教育のまとめ	11	学んだことを劇で表現する	「こころのスキルアップ」の授業で学んだことをショート劇にし、みんなで表現してみる	2

出典：『しなやかなこころをはぐくむこころのスキルアップ教育の理論と実践』（大野裕・中野有美 編著／認知行動療法教育研究会 著／大修館書店）

教育現場での実践プログラム

学校で使える認知行動療法アプローチ

問題が起きたら立ち止まり、冷静な自分を取り戻し、考えを整理して、自分が期待する現実に近づいていく工夫をしながら行動するという認知行動療法のアプローチは、私たちの日常生活のなかでもさまざまな形で応用可能です。それは、前項で説明したように教育現場でも活用できます。そこで次に、認知行動療法のアプローチを教育現場で活用していく際のポイントについて紹介していきます。

生徒たちに最初に学んでもらうのは、**「気分と行動は、そのとき浮かんだ考えに影響される」ということです**。出来事・考え・気分を整理することで、生徒に「気分と行動は、考えに影響される」ことを伝えます。

「出来事」「考え」「気分」に切り分ける

AさんはBさんと遊びたいと思い、SNSで連絡したが、返事が来ない。

「きっとCさんたちと遊びに行ったんだ。私は仲間外れにされたんだ」
「私、Bさんに何か悪いことをしてしまったかな？」
「Bさんに大変なことが起きたのかも？」

いろいろ考えて気持ちが落ち込んだ。宿題も手につかず、悲しい気持ちになった。

→

出来事
AさんはBさんと遊びたいと思い、SNSで連絡したが、返事が来ない。

考え
「きっとCさんたちと遊びに行ったんだ。私は仲間外れにされたんだ」
「私、Bさんに何か悪いことをしてしまったかな？」
「Bさんに大変なことが起きたのかも？」

気分
宿題も手につかなくなってしまうほど、気分が落ち込んだ（体が重くなった）。悲しい気持ちになった。

私たちの「気分」「体調」「行動」は、こころに浮かんだ「考え」に影響される

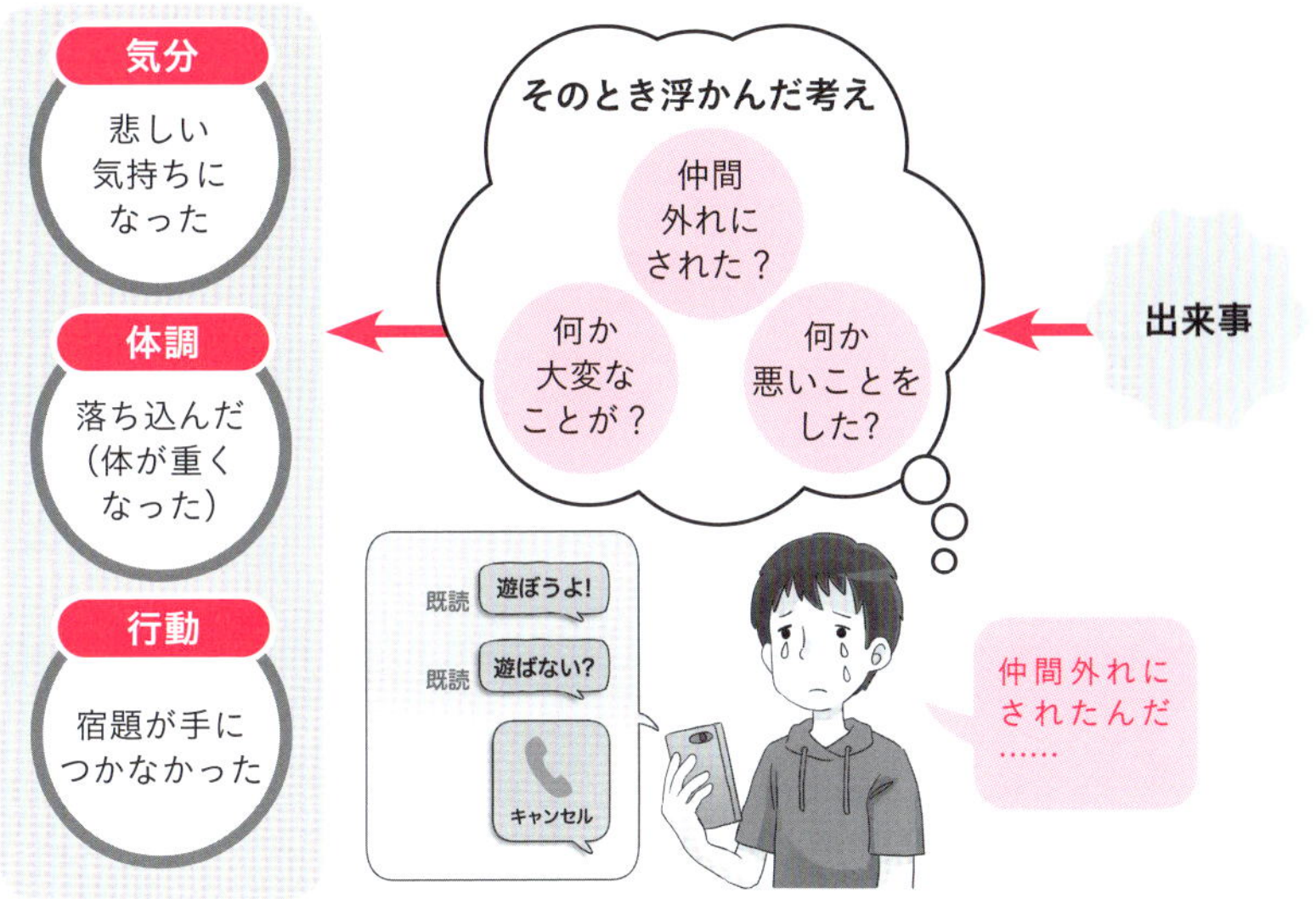

同じ出来事に出合っても、そのとき感じる感情や行動は人によって違うことがあります。そのときの感情や行動は、出来事の受け止め方、つまり認知の影響を受けるからです。この「気分と行動はそのときの考えによって影響される」という基本原理は、認知行動療法のすべてのスキルのベースになります。

他にも、「怒り」感情と上手に付き合う方法、自分の気持ちや考えを表現し伝える方法、上手に「ノー」と言う方法など、日常生活を送っていくうえで必要不可欠なスキルを学んで、**よりよい人間関係を築くための力を養います**。

こうしたプログラムを実践することで、**自分を客観視する力や、出来事に柔軟に向き合うこころがまえ、自己コントロール能力が育ってきます**。その結果、他の人の気持ちや考えを理解して思いやることができるようになり、**ストレスからの回復力（レジリエンス）も高まってきます**。

次にこのプログラムのいくつかについて説明していくことにします。

怒りの波を上手にやりすごす

「怒り」と認知

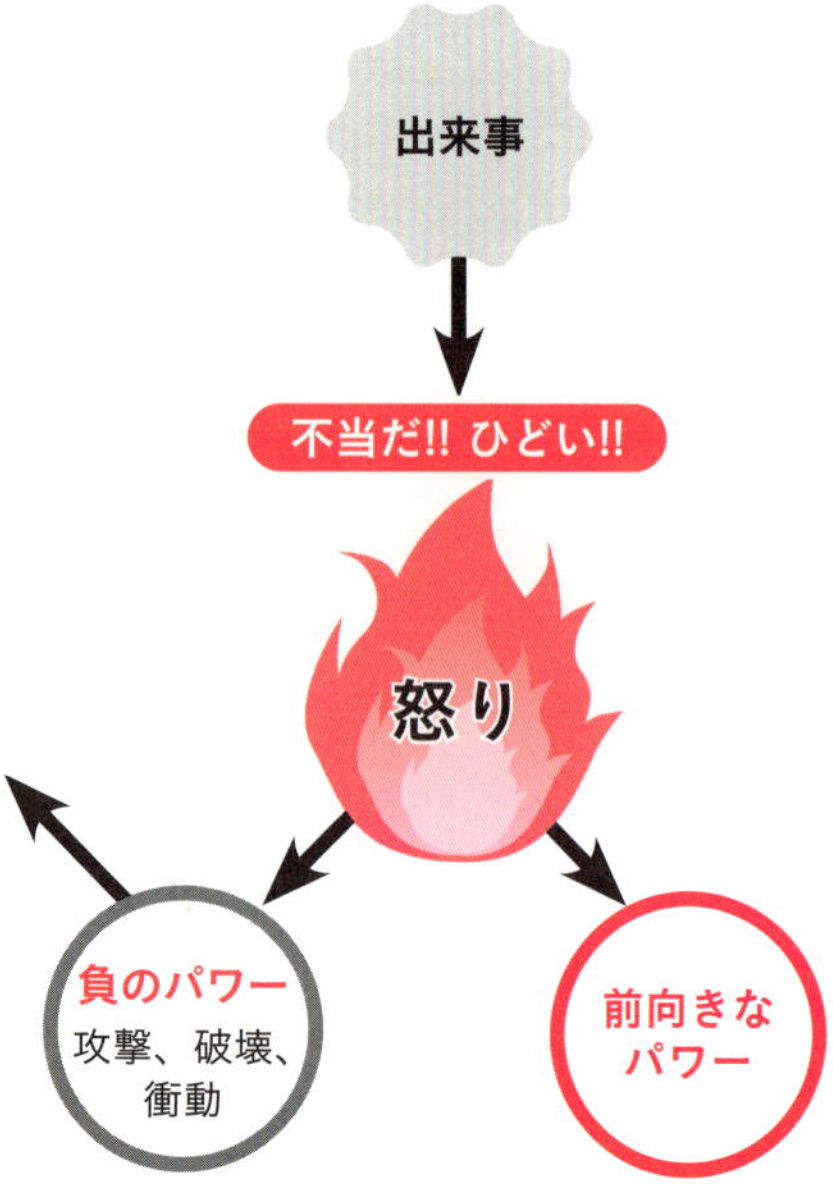
出来事
不当だ!! ひどい!!
怒り
負のパワー
攻撃、破壊、衝動
前向きなパワー

怒りを鎮め、対処する際のルール

① 人（他人や自分）を傷つけない

② 物を壊さない

③ 日常生活を乱さない

怒りという感情を理解し破壊的行動を避ける

思春期には、怒りのコントロールが問題になることがよくあります。感情的になって暴力などの破壊行為にまで発展することもあります。

ただ、怒りがよくない感情かというと、必ずしもそうではありません。**「怒り」という感情が生まれる背景には「不当だ」という認知が働いています**。「ひどい」と考えるから腹が立つのです。もし本当にひどいことをされていたとすれば、それにきちんと対抗する必要があります。

そうした出来事に目を向けるきっかけになるという意味で、**怒りもまたアラームとしての働きをします**。また、腹が立つことでいつも以上の力が湧いてきます。そのように考え

怒りを鎮めるための方法とは？

1. 怒りの状況から距離を取る
2. 怒りのエネルギーを、問題を大きくしないように分散する
3. 好きなこと、楽しいことをする
4. 身近な人に腹の立った出来事を話し、受け入れてもらう
5. 本当に一方的で不当なのか、相手の立場に立って考えてみる

→ **怒りが鎮まってから相手に自分の考えや気持ちを伝えよう**

1つでもできることをやってみて、怒りの波が通りすぎるのを待とう！

ると、**怒りも自分を守る大切な感情なのです**。

そうは言っても、怒りにまかせて衝動的に行動するのは問題です。相手も怒りで反応し、怒りを呼んで、トラブルになってしまいます。とくに思春期ではそうしたことが起こりやすいのですが、それに対しては、怒りの波に上手に乗るように伝えます。

怒りは一時的に感情が高まっても、少し経つと波が引くようにおさまってきます。ですから、感情の高まりのままに行動しないように伝えます。サーフィンで、高い波に上手に乗って移動するように、怒りの波が襲ってきたときにうまくその波に乗ってやり過ごす手立てを教えるのです。

そのようにして、しばらくして**怒り感情が収まってきたところで自分の考えや気持ちを相手に伝えることができれば、自分が期待するような行動を相手から引き出すことができるようになります**。このようにして、怒りの波を上手に使って自分の考えや希望を相手に伝えることができるようになると、生徒のその後の人生は大きく変わってきます。

アサーションのスキルを学び「ほどほどの言い方」を見つけよう

「強い言い方」「弱い言い方」「ほどほどの言い方」を知る

1 強い言い方
相手のことは考えず、自分の気持ちを優先する言い方
〈例〉**踏まれるようなところに置くのが悪いだろ！**

2 弱い言い方
自分の気持ちを抑えて、相手の都合を優先する言い方
〈例〉**踏んでしまって悪かった。ごめんなさい**

ここを目指そう!!

3 ほどほどの言い方（＝アサーティブな言い方）
自分のことをまず考えるけれど、同時に相手のことも考える、バランスのよい言い方
〈例〉**踏んだことは悪かったけど、急いでいると下が見えないことがあるから、バッグを通り道に置かないでほしいな**

大切なこと 言いにくいことであっても、相手にきちんと伝えることが大切。ただし、言い方で伝わり方が変わってしまうので注意しよう

気持ちや考えを伝えるスキルを身につける

腹が立つようなことをされたときに、そのまま感情をぶつけると、相手も感情的に反応してトラブルに発展する可能性があります。黙っていると、自分の気持ちが伝わらずにつらさが続くことがあります。そうしたときには、上手に自分の気持ちや考えを伝える必要があります。落ち込んだり不安になったりしているときも、1人で頑張りすぎないで、助けを求めたほうがよいことが少なくありません。

そのときに役に立つのが、自分の気持ちや考えを上手に伝える**「アサーション」のスキル**です。

マンガでは、アキラくんがユウくんのバッグを踏んでしまい、「何すんだよ！」と怒鳴られました。そのときにアキ

「ほどほどの言い方」を考えるコツ

み・かん・てい・いな
みかんの絵を思い出せば自然と出てくるね！
み
“み”たこと
〈客観的事実・状況〉
「通り道に置かれていたカバンを踏んでしまった」
かん
“かん”じたこと
〈自分の気持ち〉
「ごめんね」
てい
“てい”あん
〈提案〉
「できれば通り道には置かないでほしいな」
いな
“いな”
〈否定された場合の代替案〉
「体の後ろに置いたらどうだろう」

ラくんが「そんなところに置くのが悪い」と言い返せば、ユウくんもムッとするでしょう。逆に「ごめん」と謝るだけでは、アキラくんの気持ちがおさまりません。

自分のことだけを考えた「強い言い方」では相手も強く反応します。相手を優先する「弱い言い方」では気持ちや考えを伝えられません。私たちは、いつもは瞬間的にこうした判断をして、**「ほどほどの言い方」**をしています。

これは、**自分の気持ちや考えや気持ちを大事にしながら相手にも配慮した言い方**です。私たちは、感情的になると感情的な言い方になりやすくなります。そのときには、こうした言い方を意識することが役に立ちます。

そのときに、**「みかんていいな」**を意識しましょう。「み」=見たこと（客観的事実）と、「かん」=感じたこと（自分の気持ち）を伝え、そのうえで自分の考えを「てい」=提案します。もし「いな」=「否定」されたら別の提案をします。穏やかな態度で、しかし言うべきことをきちんと伝えられれば、人間関係はよい方向に変わっていきます。

「ノー」と言いたいときは伝え方を工夫しよう

「ノー」と言えない状況を「考え」と「気分」に切り分ける

友人に誘われたが、家で勉強をしたくて断りたかった。

でも、「付き合いが悪いヤツ」「話が通じない」と思われて嫌われるかも……と懸念して、しぶしぶ参加。

結局、勉強ができず、後悔した。

出来事
友人に誘われた。家で勉強をしたくて断りたかった。しぶしぶ参加した。

考え
「付き合いが悪いヤツ」「話が通じない」と思われて嫌われるかも……。

気分
不安、困惑した。

そのときの考えを振り返って考えを伝える工夫をする

友達や仲間から誘われて困ることがあります。学校に限ったことではありませんが、こころのなかでは「断りたい」「やりたくない」と思っていても「ノー」と言うのは難しいものです。だからといって、言われるままによくない行動をしたくはありません。

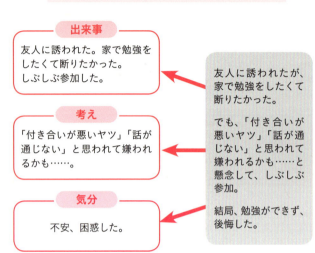

そのようなときには、自動思考を意識して認知再構成法を使うことが役に立ちます。つまり、そのときに**どのような考えが頭に浮かんでいるかを意識するように勧めるのです。**

誘われて「断れない」と考えたときにどのような考えが頭に浮かんだのでしょうか。

「断れば付き合いが悪いと思われ、嫌われてしまう」「二

認知再構成法の「反証」を使って考える（P98参照）

1. 「断る」ことを妨げている「考え」は、本当に真実？
2. 嫌われたとして、何が問題なのだろうか？
3. その問題は、自分にどのように影響するだろうか？
4. 友人が断れずにいたら、どうアドバイスするか？

↓

ディスカッションしてみる

いろいろな考えを知る
自分の考えを見直し、バランスのよい考えがわかる

↓

その人と付き合うことが「自分にとって本当に意味があるのか？」がわかる

自分の「本当に大切なこと」がわかる

度と誘ってもらえなくなる」「申し訳ない」など、さまざまな考えが浮かんでいるはずです。

次に、その考えの現実性が、どの程度あるかを考えてみてもらいます。

「断ったからといって、本当に嫌われてしまうのだろうか」
「嫌われたとして、何が問題なのだろうか」
「その問題は、自分にどのように影響するのだろうか」

このように実際の可能性について考えていくことで**問題の大きさを客観的に評価できるようになります**。

そのときに、自分にとって何が大切かを意識しておくように伝えます。理不尽なことを強要してきているとすれば、そのような人と付き合い続けることが**「自分にとって、本当に意味があるのか」を考えると、どの程度の距離感で付き合えばいいかがわかり、適切な話し方が見えてきます**。

自分の希望を伝えるときには、前項で紹介したアサーションや「みかんていいな」を意識するといいでしょう。

態度や気持ちは互いに影響し合う

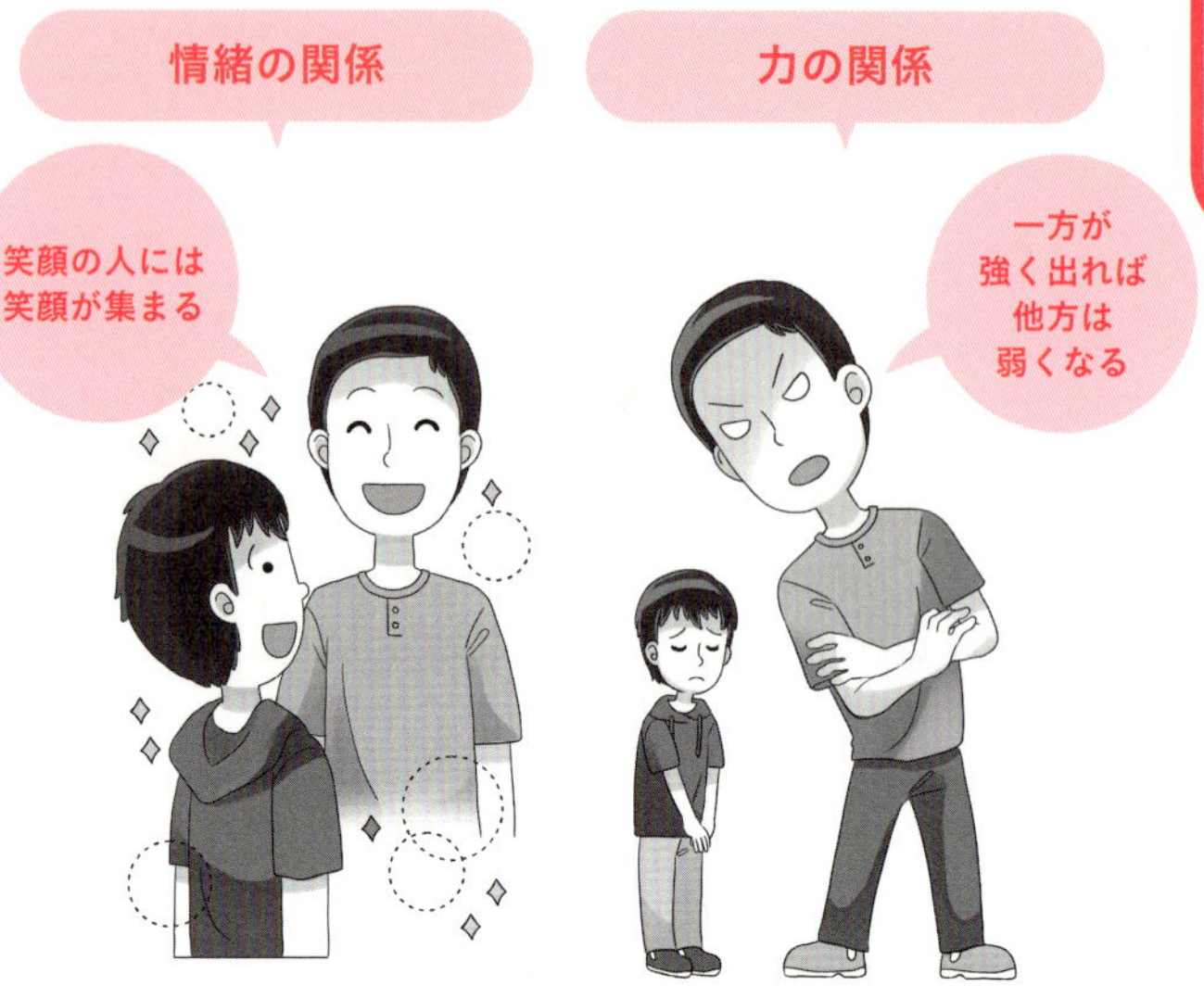
情緒の関係
力の関係
笑顔の人には笑顔が集まる
一方が強く出れば他方は弱くなる

情緒の関係と力の関係

お互いに支え合える人間関係の基本

親しい人がそばにいるだけで私たちの気持ちは楽になります。だからこそ人間関係がこころの健康のために大切なのですが、気がつかないままに関係を悪くするような態度を取っていることがあるので注意するように伝えます。そのときに**「情緒の関係」と「力の関係」を意識することが役に立ちます**。

「情緒の関係」は「気持ちに関連した関係」と言うこともできます。これは、**お互いの態度や行動が、相手に同じ態度や行動を引き起こす現象です**。

自分が笑顔になると、相手の表情は和らぎます。厳しい表情になると、相手の表情はこわばります。このようにお

自分の気持ちを上手に伝える7つのポイント

1. 自分の気持ちに正直になりましょう
2. 自分の意見をきちんと伝えましょう
3. 穏やかに話すようにしましょう
4. 簡潔に話すようにしましょう
5. 相手の意見にも耳を傾けましょう
6. 相手の気持ちを大切にしましょう
7. ダメなことはダメと伝えましょう

人間関係がギクシャクしたときにも振り返りたいポイントだね！

互いの気持ちは、態度や行動を通して影響し合います。ですから、他の人と話をしているときに、**自分の態度が堅苦しくなりすぎていないかどうか自己チェックすることが役に立ちます**。人間関係がギクシャクしていると感じたときには、自分の表情や態度が厳しくなりすぎていないか、振り返ってみるように勧めるとよいでしょう。

「力の関係」は、逆に、相手に反対の態度や行動を引き出します。自分が強く出れば相手は弱くなり、自分が弱い態度を取れば相手はますます強い態度を取るようになります。「いじめ」はまさにこの「力の関係」が固定してしまった状態です。いじめられている生徒が自分の気持ちや考えを表現できないでいると、いじめている生徒たちはますます強い態度をとるようになります。

そのようなときには、先に紹介したように、自分の考えを振り返って、アサーションを使って自分の考えを相手に伝えたり、他の人に助けを求めたりできるようになると、状況がよくなってくる可能性が生まれてきます。

不安があっても実力を発揮する方法

そうだ
町田先生の授業で教わった
「緊張したときの
こころのコントロール法」の
腹式呼吸をしてみよう
すぅー
はぁー
ん
違った
最初ため息をつくと
腹式呼吸に入りやすく
なるんだった
すぅぅぅぅ
おおっ
空気がたくさん
入ってくる!

よし！気持ちが楽になった
あと、手を握って力を入れたり抜いたりするのもやってみよう
うん、大丈夫だ勉強はしてたんだから普段通りやればいいんだ
焦らなければ絶対にできる！
3問目なら解けそうだぞ
よっしゃー!!!
できるじゃん！ちゃんと勉強したことが身についてる！

ふぅー
大丈夫！努力は裏切らない！
すぅー
うん いい調子
8(6+3)
まだ余裕あるな
最初にできなかった問題をもう一度やってみよう
:30～9:20 国語
:35～10:25 数学
なんだ！そういうことか
意味がわかったぞ これなら解ける！

どうだった？
最初さぁ〜
頭が真っ白になって
パニクったんだよね
もう終わりだ！
って思ったよ
でもな
「いや、俺は緊張してるだけだ
落ち着けばできる！」って
自分を信じたんだよね
かっこいい
じゃん
そのとき
一瞬のうちに
勉強した日々が
頭に流れてさ
前に町田先生が
言ってた「呼吸法」と
「グーパーのリラックス法」を
とっさにやったわけ
そしたら気持ちが
ふっと楽になって
落ち着けたんだよ
あーそれ！
実は俺もあった！
この前の日曜日
野球部で学校対抗試合が
あったんだけど

打順が近づいてきたら妙に緊張しちゃってさ
で、俺も町田先生が言ってた通りに手を握りしめて力を入れたり抜いたりして深い呼吸を繰り返してたら段々落ち着いてきてさ
打席に入る直前で奇跡的に元に戻れてヒットが打てたんだよ！
やったじゃん！
打席に立ったとき前にうまくヒットを打てた場面を想像してたのもよかったかもしれない
とにかく町田先生のおかげだよ
ん？
頼りなさそうな雰囲気あるけど町田先生にマジ感謝だな

不安はシャボン玉 そのメカニズムを知ろう

不安は想像が膨らみすぎたもの

「幽霊だ、怖い」という想像が膨らんでしまうと、恐怖心がどんどん大きく育ってしまう。しかし、実際に確かめてみると、幽霊と思っていたのは「枯れススキだった」ということも。

思い切って行動すれば不安は軽くなる

思春期は不安を感じやすい年代でもあります。そのために不安のメカニズムや対処法を教えることも大切です。

不安が強いときには、最悪の結末を予測する「破局的思考」に支配されています。危険を過大評価し、自分の力と周囲の支援を過小評価しているのです。思春期は経験が少ないため、こうした心理状態になりやすいのですが、同じ心理メカニズムは成人の場合でも同じように働きます。

このようにして不安を強く感じるようになると、私たちは回避行動をするようになってきます。**不安を感じるのは「危険」が迫っていると考えるからです。そのために、危険から逃げようと回避行動を取るのです。**

不安はシャボン玉だと思おう

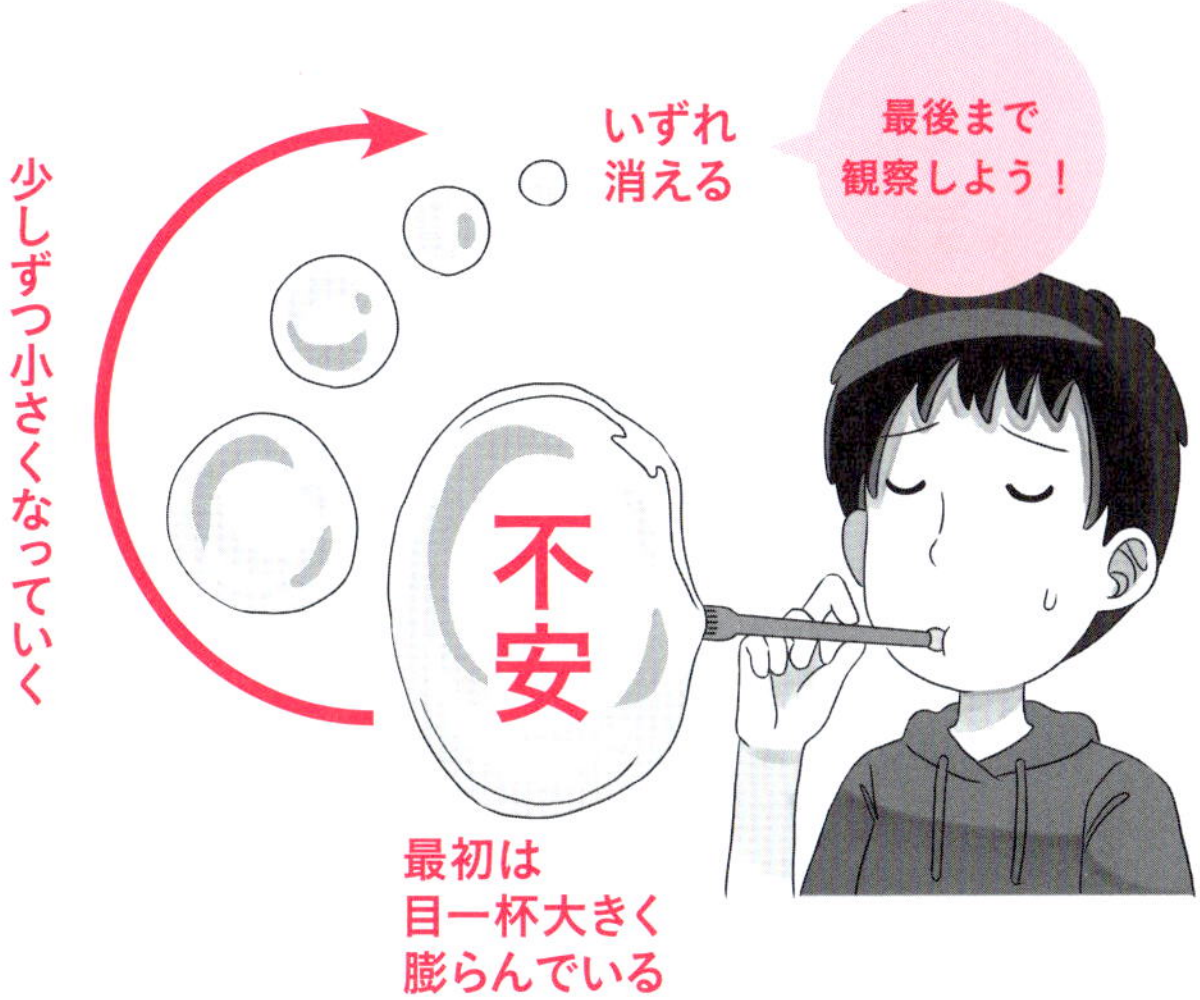

不安は、シャボン玉のように膨らんでいくが、客観的に観察していれば、次第に小さくなって消えていく。

しかし、そこで逃げてしまうと、それがどの程度危険なのか確認できず、「危険だ」という自分の思いだけが強く残ります。それだけでなく、対処できなかった自分に自信を持てなくなります。困ったとき他の人に助けてもらえるかどうかも確認できません。こうした回避行動ないしは安全（確保）行動はかえって不安を強めるだけです。

不安なときには、思い切って行動して、**どの程度危険か、どの程度自分で対応できるか、他の人の手助けがどの程度受けられるかなど、現実を確認することが役に立ちます。これが暴露（エクスポージャー）と呼ばれる方法**で、想像で行う場合と現実に行う場合があります。

行動することで一時的に不安が高まる可能性がありますが、そのときには**不安はシャボン玉のようだ**と考えるといいと伝えましょう。不安が一時的に高まっても、少しずつ弱くなって、シャボン玉がはじけるように消えていきます。その体験をするためには、途中で気をそらさず、不安が消えるまできちんと向き合うようにします。

段階的課題設定を使ってエクスポージャーを実施する

エクスポージャーの進め方

1 **最終目標を設定する**
最終目標を設定し、そこに至るまでを10個前後の段階に分ける（段階的課題設定）

2 **課題を書き出す**
それぞれの段階に課題を書き込みます。周囲の様子、誰かと一緒か、時間帯など、できるだけ具体的に書き出す

3 **不安の程度を評価**
不安がもっとも強い状況を100、もっとも小さい状態を10とし、**2**の課題について、不安の程度を評価する

4 **何回か繰り返す**
1回成功してからも何回か体験し、「何度も体験した。もう大丈夫」と思えるようにしよう

思い切って行動して不安を乗り越える

エクスポージャー（暴露）を使い、思い切って現実に足を踏み入れて不安を和らげるように勧めても、そう簡単に行動に移せない人もたくさんいます。その場合は、不安を感じても安全だし、行動しなければ不快な緊張が続くことを学習してもらいます。ただし、本当に危険がない状態で行ってください。

そのうえで、10個前後の行動計画を立てます。これが**「段階的課題設定」**と呼ばれるアプローチで、その例を上図にて示しましたので、参考にしてください。

続いて、少し頑張れば**できそうな行動から段階的に行動していくように勧めます**。このとき、不安でも行動に踏み

段階的課題設定

不安レベル

100	発表会場で原稿なしで話す
90	発表会場で原稿を読む
80	クラスメイト全員の前で原稿なしで話す
70	クラスメイト全員の前で原稿を読む
60	数人の新しい友人の前で、立って原稿を読む
50	数人の新しい友人の前で、座って原稿を読む
40	家族の前で、立って原稿を読む
30	家族の前で、座って原稿を読む
20	1人で立って原稿を読む
10	1人で座って原稿を読む

出せるように、**緊張を取る方法を身につけておくことも役に立ちます**。そのうえで、1回目はしっかり時間をかけて成功体験を実感してもらうようにします。

一方で、一時的に不安が強くなっても、時間が経てば軽くなり、最終的に消えていくという「シャボン玉現象」を体験するためには、**途中で意図的に緊張を和らげたり、気をそらしたりすることがないように伝えます**。このとき、行動する前の考えに目を向けるようにします。不安が強いときには極端な考えになっているからです。その考えを実際の行動を通して検証し、現実的に考えられるようになることで、不安は軽くなっていきます。

成功体験をこころに定着させるためには繰り返しが大切です。ある課題に成功したとき、すぐに次の課題に移るのではなく、**何度か同じ課題を繰り返して成功体験を強化し、自信をもって次に進んでいけるようにするのです**。

もし計画を立てて行動してもうまくいかないときには、その経験から何が学べるかを振り返ってもらいます。

緊張をやわらげる

漸進的筋弛緩法を使ってリラックスする

緊張したときには、不安なことに関心が向いています。マインドフルネスで使われる方法で「今に集中する」ことで、現実に向き合えるようになります。

P35で紹介した呼吸法を使って今に目を向けてもいいでしょう。ゆっくりとおなかで息をしているうちにリラックスしてきます。ただ、緊張しすぎると胸で速く呼吸するようになってくるので、そのときには、ゆっくりと腹式呼吸するのが難しくなります。そのときには、一度大きくため息をつくように勧めてください。**大きくため息をついた後、ゆっくり鼻から息を吸うと腹式呼吸を始めやすくなります。**

もう1つ、緊張をとる方法として、アメリカの精神科医

漸進的筋弛緩法のやり方

（グーパーのリラックス法）

1

こぶしをギュッと握って10秒くらい力を入れる

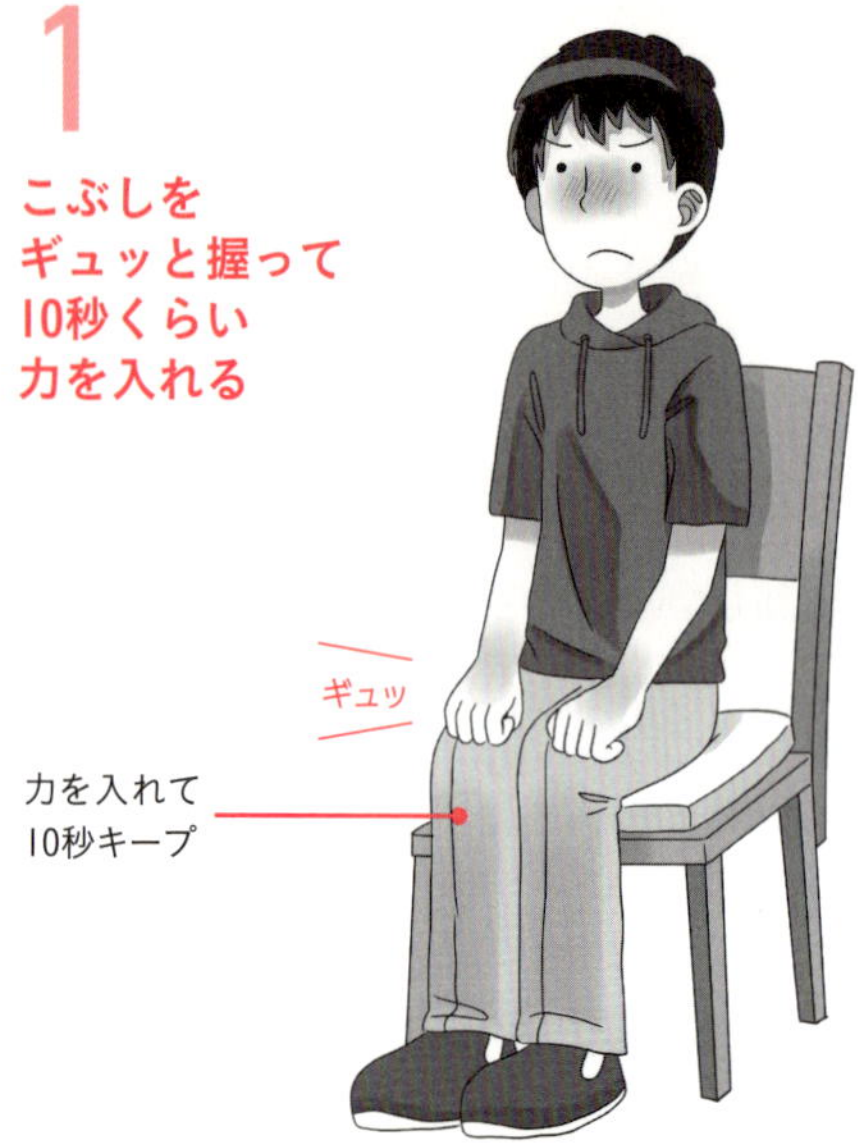
ギュッ
力を入れて
10秒キープ

2

パッと力を抜いて、フゥーッと息を吐き、全身をリラックスする

3

目を閉じてリラックスしながら、気持ちが和らぐ景色を思い浮かべる

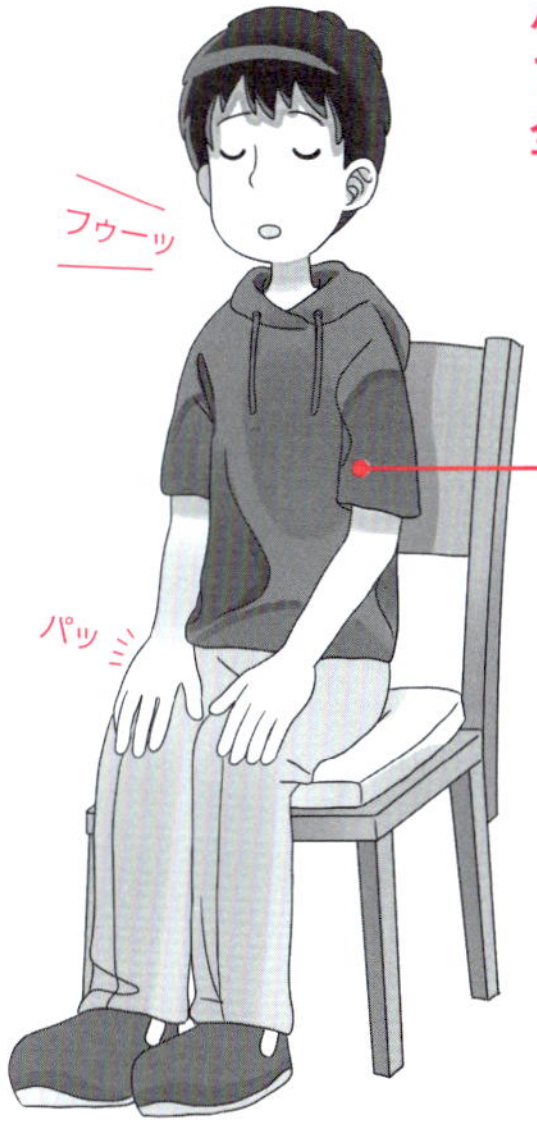

全身でやる余裕があるときには

1. つま先を前に出して、脚の筋肉にグッと力を入れ、10秒くらい緊張させたら、一気に力を抜いて全身脱力する
2. 次に、お尻→おなか→背中→腕→肩と、1箇所ずつグッと力を入れてから、一気に抜く

これを何回か繰り返すのでもよい

エドモンド・ジェイコブソンが提唱した**「漸進的筋弛緩法」**があります。体の一部に力を入れ、スッと抜きます。

まずは、楽な姿勢をとって、脚に力を入れた状態を10秒ほどキープします。それから一気に力を抜いてリラックスします。**力を入れた「緊張」状態と、力を抜いた「弛緩」状態の体の感覚を、自分の中で感じるように意識します。**

脚が終わったら、次はお尻、おなか、背中、腕……という具合に、さまざまな部位の筋肉について行っていきます。全身の筋肉を使い「力を入れて→抜く」作業を繰り返した後は、少しの間、**目を閉じて全身の力を抜いてリラックスしながら、気持ちが和らぐ景色を思い浮かべてもらいます。**

こうしたプロセスを全部実施する余裕がないときには、他の人にわからないようにこぶしに力を入れて力を抜くという1つの動作を何回か繰り返すと、気持ちが落ち着いて、現実に向き合えるようになります。

どの方法を使うにしても、**現実に向き合うための手段**だということを忘れないようにすることが大事です。

COLUMN5

1日の行動を振り返り、日記を書こう

生活を振り返り日々の体験を生かす

私たちは毎日忙しい生活を送っていると、つい自分を見失ってしまいそうになります。そうしたなか、忙しさに流されずに毎日の体験を生かすためには日記が役に立ちます。毎日の最後に日記を書く時間を少し持つだけで、自分を取り戻すきっかけが生まれます。その日に起きたことを書き出すことで、自分から少し距離を取って、客観的に自分を振り返ることができます。

その1つの方法に、私が考えた「こころ日記」があります。そこには、その日に起きた「よかった出来事」「つらかった出来事」「今後に生かせること」の3つを書き出します。

まず、「よかった出来事」から書き始めます。よかったことから思い出したほうが、気が楽ですし、つらかった出来事に対しても余裕を持って向き合えるようになります。「よかった出来事」の欄には、「何がよかったのか」、その理由も含めて、少し詳しく書き留めるようにします。

次に「つらかった出来事」を書き込みますが、そこにはそのとき考えたことも書き添えるようにします。そして、最後の「今後に生かせること」の欄には、「よかった出来事」と「つらかった出来事」を今後どのように生かせるかを書き込みます。

そうすれば日々の自分のこころの状態が整理でき、よかったことやうまくいかなかったことをその後の生活に生かして、自分らしい充実した毎日を送れるようになります。

こころ日記を書いてみよう

4月25日 | Thursday

よかった出来事

今日よかった出来事について、少し詳しく書いてください。何がよかったのでしょうか？何か今後に生かせるものはありましたか？

つらかった出来事

今日つらかったできごとがあれば、少し詳しく書いてください。そのとき、どのようなことを考えましたか？

今後に生かせること

この体験が今度生かせるとすれば、どのようなものがありますか？

変わりだしたそれぞれの日々

もしかして明日斉藤さんもこころ公園での町内会イベントに行かれるんですか？
私も行くんですよ！
そうなんですね！
この間久しぶりにおさななじみに連絡してみたら一緒に行かないかと誘ってくれたんです
休日に友達と会うのって実はすごく久しぶりなんですよね
土日も楽しんでいらっしゃるんですね
斉藤さんすごく変わりましたね
高橋さんのおかげです
じゃあ公園で会えたら！
はい

町内会イベント会場
いいお天気でよかった！
あっ横澤さん西嶋さんここです！
すごくにぎわってますね
年に一度の目玉イベントだしね

ところでみんな
認知行動療法の
やり方を使ってみて
どうだった？
ちょうど昨日
高ストレス反応が出た方の
面談だったんです
前は外に出る気も
起きないし
1日中寝てばかりだと
言っていたんですけど
外に出る工夫を
一緒にしていったら
だんだんと活発になっていって
この間ジョギングを
始められたと思ったら
今日は
おさななじみと
このイベントに
来るんですって！
そうなんだ！
よかったね！！

私も周産期うつの気配のある女性と面談していったら
今ではだいぶ前向きになってママ友もできたみたいでひと安心よ
私の担当していた脚を骨折された高齢男性も一緒に問題に取り組んだら
散歩をする時間が増えてきたそうなんです
本当に認知行動療法を学んでよかったですよね
あ、あれ？山中さん⁉
おぉ西嶋さん！

すごい偶然ですね！
私が担当している男性がこちらの山中さんなんです
西嶋さんもお友達と来てたんだね
はい山中さんは誰かと待ち合わせですか？
今日は孫が家族やおさななじみとイベントに行くから一緒に行かないかと誘ってくれてな
初めてひ孫に会えるんだよ！
楽しみで楽しみで約束の30分前に来てしまったよ
か、かわいい…
おじいちゃーん
お来た来た！

おじいちゃん
お待たせ！
町田さん⁉
山中さんの
お孫さんって
孝太郎さんだったの⁉
えっ⁉
斉藤さんも
どうして一緒に⁉
僕が言ってた
おさななじみって
彼ですよ？
ええ――――！

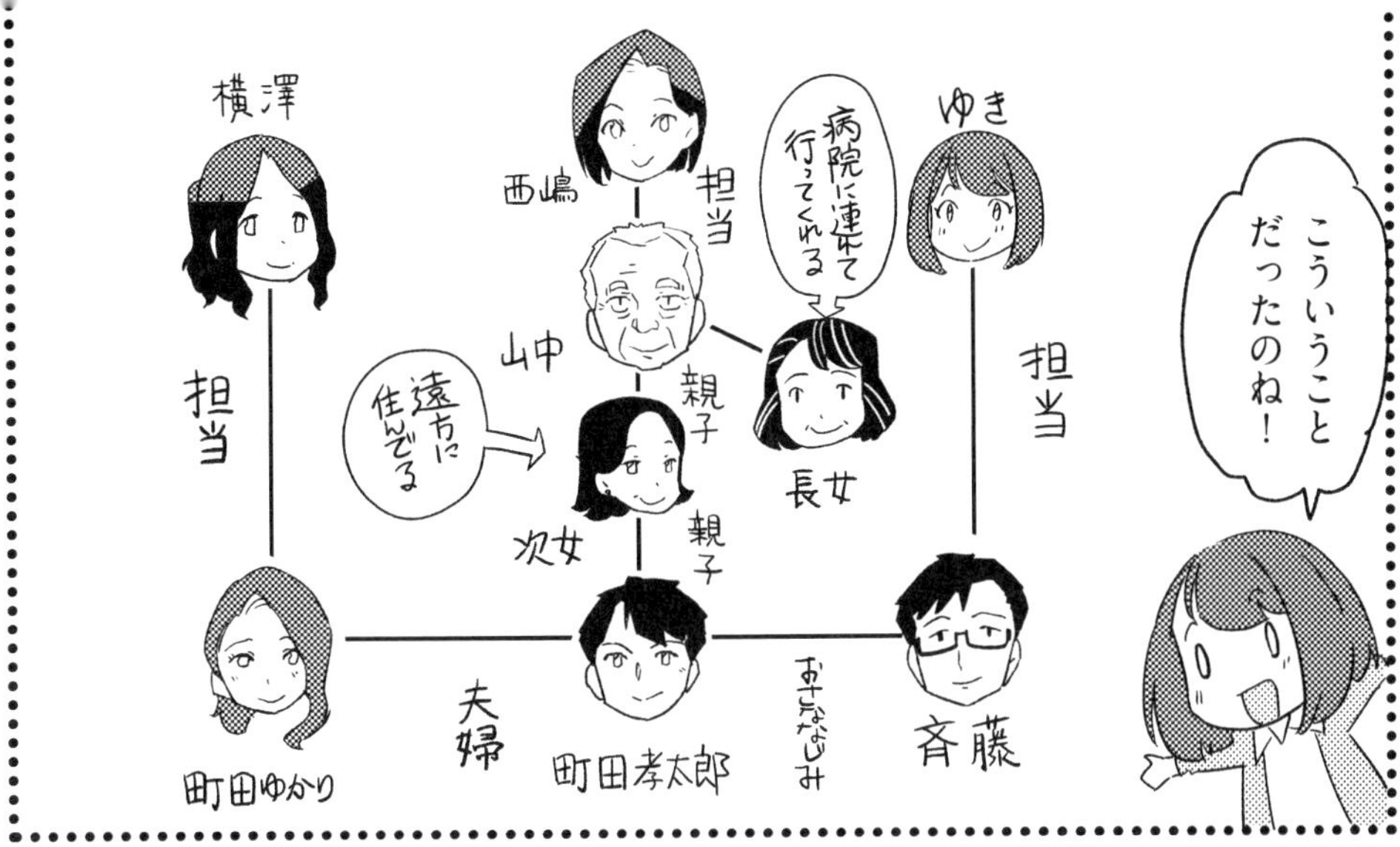
こういうことだったのね！
ゆき
担当
斉藤
おさななじみ
病院に連れて行ってくれる
長女
西嶋
担当
山中
親子
遠方に住んでる
次女
親子
町田孝太郎
夫婦
横澤
担当
町田ゆかり

こんなところでつながっていたなんて！
この町ってほんとに狭い〜！
あはははは
知り合いが増えて年寄りも安心だな

おわりに

本書は、職域や地域、学校、医療場面でこころの相談にのっている人たちが、認知行動療法のアプローチを使う際に参考にできるようにと考えて作ったものです。同じ趣旨では、すでに『保健、医療、福祉、教育にいかす簡易型認知行動療法実践マニュアル』（ストレスマネジメントネットワーク）を自費出版しています。その内容をさらにわかりやすく簡潔にまとめたものが本書です。

認知行動療法は、私たちが毎日、意識せずに使っているストレス対処法を、誰にでも使えるようにまとめたものです。ですから、身構えて定型的な認知行動療法を実施しなくても、その考え方や一部のスキルを使って、幅広い領域の毎日の困りごとや悩みごとの相談に上手に対処できるように手助けしていくことができます。

そのように自然体で、悩んでいる人に温かく接していただければよいのですが、そう言われても具体的にどのようにすればいいいか、悩む支援者も少なくありません。

たしかに、きちんと勉強しないで支援するのは心配ですし、責任を持って支援することはできません。そうした支援をするためのスキルアップには、研修会、インターネットの活用、スーパービジョンの3つの学習法が役に立つと私は考えています。

ロールプレイや動画を使った研修会

認知行動療法の初心者が書籍で勉強するのは大事ですが、それだけでは面談をするために不十分です。より実践的な雰囲気のなかで勉強するには、ロールプレイや動画を使った研修会が役に立ちます。

もっとも、そうした研修会に参加しただけでは部分的にしか理解できませんし、記憶も薄れていきます。そうしたことを防ぐためには『保健、医療、福祉、教育にい

かす 簡易型認知行動療法実践マニュアル』の専用サイトの研修会の動画を視聴して復習するのが役に立つでしょう。これは、幅広い領域の人たちに認知行動療法を活用していただけるように価格を抑え、同時に、メディアミックスの観点から、学習の手助けになるように私の研修や講演の動画を専用サイトにアップしたり、研修用のパワーポイントや資料をダウンロードできるようにした本です。

一般社団法人認知行動療法研修開発センターのホームページ内の「認知行動療法 eラーニング」のコーナーでも、さまざまな研修会の記録動画を見て学習することができます。また、アメリカ精神医学会が出版している『動画で学ぶ支持的精神療法入門』『認知行動療法トレーニングブック第2版』『認知行動療法トレーニングブック 短時間の外来診療編』(すべて医学書院)もＤＶＤを視聴しながら学べるようになっています。

英語が得意な人は、Beck Institute が提供しているオンライントレーニングを利用してもよいでしょう(https://beckinstitute.org/get-training/online-training/)。うつ病や不安症など、さまざまな疾患に対する認知行動療法について面談動画を交えて詳しく解説されています。疑問があればメールで問い合わせることも可能です。

基礎的な研修を受けたあとは、仲間とのロールプレイでスキルアップを図るようにするとよいでしょう。

本書のマンガは、そうしたロールプレイの材料として使ってもらうことも考えて作った面があります。マンガに出てくる場面でどのように面談するか、仲間と一緒に話し合いながらロールプレイしてみてください。

また、P65には愛媛県松山市を中心に周産期のメンタルヘルスに取り組んでいる保健スタッフが考案した、ロールプレイのシナリオの一部を紹介しています。このように、よい面談とよくない面談のシナリオを使ってロールプレイをすると、面談のスキルがアップします。

インターネットの活用

日本では、認知行動療法を希望する人たちに対して定型的な認知行動療法を十分に提供できていません。これは欧米でも同じで、それを補う目的でインターネットを使った簡易型認知行動療法が広がりを見せています。

わが国でも、私が発案・監修している認知行動療法活用サイト「こころのスキルアップ・トレーニング（ここトレ）」を使った臨床研究が続けられています。現在までの研究からは、対面式の認知行動療法をインターネットで補助するブレンド認知行動療法（ハイブリッド認知行動療法）が、従来型の定型的認知行動療法に匹敵する効果があり、しかも中断事例がないなど、副反応が少ない可能性が示唆される成果が報告されています。

（Nakao S, Nakagawa A, et al, J Med Internet Res. 2018; 概要は https://www.47news.jp/3027653.html）

「ここトレ」で認知行動療法のスキルを自己学習してもらい、疑問点を保健スタッフに尋ねてもらう超簡易型の認知行動療法の検証も進められています。

「ここトレ」のトップページの最下段には、この2つのアプローチがスムーズに進められるように、「認知行動療法を自己学習したい方のために」（超簡易型に利用）と「ここトレをカウンセリングで利用する専門家のために」（簡易型に利用）の2つのコーナーが設けられています。利用マニュアルもPDFでダウンロードできるようになっていますので、こうしたサイトを使いながら簡易的に認知行動療法的アプローチを実施することが可能です。

また、「ここトレ」を使うことで職域や学校での集団教育の効果が高まるという研究成果も報告されています。

スーパービジョン

定型的認知行動療法が実施可能な場合には、スーパービジョンを受けながら始めるほうがいいでしょう。

スーパービジョンとは、認知行動療法の経験が豊富な専門家の指導を受けながら面談を進める方法で、たとえてみれば、自動車教習所の構内で、横に座った指導教官の助言を受けながら運転練習をするようなものです。そうすることで初心者が安心してスキルアップを図ることができますし、相談者が不利益を受けることなく認知行動療法を使ってこころの力を伸ばしていく可能性が高くなります。

スーパービジョンは、個人はもちろんですが、集団で受けることもできます。私が主宰している「ストレスマネジメントネットワーク」では、研修会とともに、定期的に集団のケース検討会を開催しています。

ピアスーパービジョンといって、勉強中の仲間同士でお互いのケースについて話し合い、一緒にスキルアップを図る仕組みもあります。その場合は、お互いに支え合いながら長所を伸ばすことをメインにして、問題点がある場合も、批判するのではなく、一緒に解決策を考えていくようにすることが大事です。

最後に、AIを活用した支援の可能性について触れておきたいと思います。そうは言っても、AIがいろいろとアドバイスをするわけではありません。対面式の認知行動療法でも、支援者がアドバイスをするわけではなく、相談者に寄り添いながら、相談者自身がいろいろな可能性を考えていけるように手助けしていきます。そのレベルであればAIで可能ではないかと考えてプログラムを開発しています。

このチャットボットは『マンガでわかる心の不安・モヤモヤを解消する方法』（池田書店）に出てくる相談ロボットOHNOが原型になっています。AI-CBTチャットボット〝yutakaくん〟開発プロジェクトの情報は、共同開発している朝日新聞社メディアラボのホームページ(http://www.asahi.com/shimbun/medialab/)にアップしていく予定です。

大野 裕

大野 裕　おおの ゆたか

精神科医。一般社団法人認知行動療法研修開発センター理事長。ストレスマネジメントネットワーク代表。1978年、慶應義塾大学医学部卒業と同時に、同大学の精神神経学教室に入室。その後、コーネル大学医学部、ペンシルバニア大学医学部への留学を経て、慶應義塾大学教授（保健管理センター）、独立行政法人 国立精神・神経医療研究センター 認知行動療法センター センター長を経た後、顧問。
近年、精神医療の現場で注目されている認知療法の日本における第一人者で、国際的な学術団体 Academy of Cognitive Therapy の公認スーパーバイザーであり、日本認知療法・認知行動療法学会理事長、日本ストレス学会理事長など、諸学会の要職を務める。
著書に、『マンガでわかる心の不安・モヤモヤを解消する方法』（池田書店）、『こころが晴れるノート：うつと不安の認知療法自習帳』（創元社）など多数。また、認知行動療法学習サイト「こころのスキルアップ・トレーニング（ここトレ）」を監修。

こころのスキルアップ・トレーニング（ここトレ）…https://www.cbtjp.net/

マンガ制作
さのかける・サイドランチ

STAFF

編集協力	鈴木久子、阿部雅美（KWC）、藤田健児
取材協力	赤石澤久子
マンガ編集	サイドランチ
構成協力	小川京美
イラスト	湯吉
本文デザイン	谷関笑子（TYPEFACE）
DTP	高八重子
校正	聚珍社

マンガでわかる認知行動療法

著　者　大野 裕
マンガ　さのかける・サイドランチ
発行者　池田士文
印刷所　大日本印刷株式会社
製本所　大日本印刷株式会社
発行所　株式会社池田書店
〒162-0851 東京都新宿区弁天町43番地
電話 03-3267-6821（代）/ 振替00120-9-60072

落丁・乱丁はおとりかえいたします。

ISBN 978-4-262-15567-8

21023005